백기호 목사가 전하는
지혜의 샘

백기호 목사의 다른 책들:

솟아나는 샘, 종려가지, 2025
마르지 않는 샘, 종려가지, 2025
깊음의 샘, 종려가지, 2025
생명의 샘, 종려가지, 2025
동산의 샘, 종려가지, 2025
축복의원리 42, 종려가지, 2023
주님의 소리, 종려가지, 2023
복음의 소리, 종려가지, 2023
큰 나팔의 소리, 종려가지, 2023
탄식의 소리, 종려가지, 2022
세미한 소리, 종려가지, 2022
하늘의 소리, 종려가지, 2021
성령의 소리, 종려가지, 2021
광야의 소리, 종려가지, 2021
딱! 100일만 성령님과 동행합시다, 종려가지, 2020
바벨론과 새 예루살렘, 소리, 종려가지, 2019
보혜사의 축복을 받자, 종려가지, 2019
하나님의 예비하신 것, 종려가지, 2018
복음의 7대 연합, 7대 명절의 축복, 종려가지, 2018
매일 양식을 나누어 주는 자, 종려가지, 2018
성령의 나타남 10주제, 종려가지, 2018
이름 없이 빛도 없이

백기호 목사가 전하는 지혜의 샘

1판 인쇄일 2025년 7월 15일
1쇄 발행일 2025년 7월 22일

지은이 _ 백기호
펴낸이 _ 한치호
펴낸곳 _ 종려가지
등 록 _ 제311- 2014000013호(2014. 3. 21)
주 소 _ 서울특별시 은평구 은평로 14길 9 - 5
전 화 _ 02. 359. 9657
디자인 _ 표지 이순옥/ 내지 구본일
제작대행 세줄기획(02.2265.3749)
영업(총판) 일오삼 전화_ 02. 964.6993 팩스 2208.0153

값 15,000 원

ISBN 979-11-992100-3-5

ⓒ 2025, 백기호 / 저자 연락처 010- 7362- 3593

잘못 만들어진 책은 구입하신 서점에서 바꾸어 드립니다. 책의 주문 및 영업에 대한 문의는 영업대행으로 해주십시오. 문서사역에 대한 질문은 010. 3738. 5307로 해주십시오.

예수보혈의 생수를 마심으로
성결과 거룩함을 입어
영생을 누릴 수 있는
주님의 순결한 신부가 되자

백기호 목사가 전하는
지혜의 샘

문서사역
|종|려|가|지|

머리말

『지혜의 샘』은 단순히 지식의 보고를 넘어, 우리 삶의 모든 영역에서 하나님의 지혜를 발견하고 적용하도록 돕는 영적인 안내서입니다. 세상의 지식은 유한하고 변하지만, 하나님께로부터 오는 지혜는 영원하며 우리의 영혼을 살리고 삶의 방향을 제시합니다.
이 책을 통해 독자 여러분은 성경 속에 감추어진 보화 같은 지혜를 길어 올리고, 그 지혜가 우리의 생각과 말, 행동을 변화시키는 놀라운 은혜를 경험하게 될 것입니다.
이 여정 속에서 우리는 지혜의 근원이신 하나님을 더욱 깊이 알아가고, 그분의 뜻에 합당한 삶을 살아가는 기쁨을 누릴 것입니다. '지혜의 샘'이 여러분의 갈급한 영혼에 시원한 생수가 되기를 간절히 소망합니다.

세상이 갈급함으로 신음하는 오늘, 우리는 어디에서 참된 만족과 영원한 생명을 찾을 수 있을까요?
백기호 목사의 '**샘 시리즈'는 영적 갈증과 그에 대한 길, 질문에 대한 깊이 있는 통찰과 해답을 제시하며, 메마른 심령 위에 하나님의 풍성한 은혜가 흘러넘치도록 초대하는 영적인 이정표입니다.

잠언 말씀도 생명의 지식인 "호크마"(지혜)를

따라 살아가고 있는 하나님의 자녀들의
삶을 가르치고 있습니다.

이 책은 단순히 성경 구절을 나열하는 것을 넘어, 저자의 오랜 목회 경험과 삶의 깊은 묵상을 통해 길어 올린 생명력 있는 메시지를 담고 있습니다. 동산의 샘, 생명의 샘, 깊음의 샘, 솟아나는 샘, 마르지 않는 샘이라는 제목처럼, 독자 한 사람 한 사람이 내면에서부터 솟아나는 영원한 생수를 경험하고, 그 은혜가 흘러넘쳐 주변을 적시는 축복의 통로가 되기를 소망하는 저자의 간절한 마음이 담겨 있습니다.

우리는 이 책을 통해, 광야 같은 세상 속에서도 마르지 않는 샘이 되시는 예수 그리스도를 만나고, 그분 안에서 진정한 평안과 기쁨을 누리게 될 것입니다. 『지혜의 샘』은 지쳐 있는 영혼에게 시원한 위로를, 흔들리는 믿음에는 견고한 반석을, 그리고 삶의 방향을 잃은 자들에게는 명확한 길을 제시하며, 주님과의 더욱 깊은 동행으로 이끌어 줄 것입니다.

이 책의 여정 속에서 당신의 영혼이 다시 살아나고, 내면의 샘이 솟아나 영원히 목마르지 않을 것을 확신하며, 하나님의 은혜가 독자 여러분의 삶에 충만하기를 간절히 축원합니다.

지혜의 샘: 영적이고 신령한 통찰의 근원

존귀하신 하나님 아버지의 신성한 이름으로, '지혜의 샘'이 독자 여러분에게 영의 안목이 넓게 열리기를 바랍니다.

성경은 "여호와를 경외하는 것이 지혜의 근본"이라 말씀합니다. 이 지혜는 인간의 한계를 뛰어넘어, 피조물인 우리가 창조주 하나님의 뜻을 헤아리고 그분의 섭리 가운데 거하게 하는 신령한 능력입니다. 세상의 빛으로 오신 예수 그리스도 안에 감추어진 모든 지혜와 지식의 보고를 탐험하며, 이 책이 여러분의 영혼에 마르지 않는 생명수처럼 흘러들어 충만한 은혜를 경험하게 할 것입니다.

『지혜의 샘』은 여러분의 메마른 심령을 적시고, 혼탁한 세상을 분별하며, 하나님의 거룩한 뜻을 따라 걸어갈 수 있는 영적인 통찰력과 신령한 지혜를 선물할 것입니다.

이 책을 통해서 여러분의 영이 새롭게 깨어나고, 하나님의 세미한 음성을 듣는 민감한 귀를 가지며, 주님과 더욱 깊이 동행하는 복된 여정을 시작하시기를 간절히 기도합니다.

이 한 권의 작은 책이 세상에 문서로 나오기까지 수고한 백설님과 한치호님에게 깊은 감사를 드립니다.

강원도 평창에서

2025. 6. 25.

지극히 작은 자보다 더 작은 자

백기호 목사

차 례

머리말 ……… 5

지혜의 샘
- 구약 메시지

1. 호밥의 눈1」민 10:29 ……… 13
2. 호밥의 눈2」민 10:31 ……… 17
3. 극히 담대한 마음」수 1:7 ……… 21
4. 새롭게 하소서」삼상 11:14 ……… 25
5. 온 집이 복을 받은 자1」삼하 6:10-12 ……… 28
6. 온 집이 복을 받은 자2」……… 31
7. 욥의 행사」욥 1:5 ……… 34
8. 나의 힘이 되신 여호와여」시 18:1 ……… 40
9. 고난과 역경 뒤에 오는 행복」시 119:71 ……… 45
10. 지혜의 샘」잠 18:4 ……… 49
11. 다 헛되도다」전 1:2 ……… 53
12. 생명의 샘」겔 47:1 ……… 57
13. 성도의 권세」단 12:7 ……… 62

지혜의 샘
- 신약 메시지

1. 내 아버지의 뜻대로」 마 7:21 ……… 71
2. 바람과 바다를 꾸짖으신대」 마 8:26 ……… 76
3. 깨달아 알라」 마 15:16 ……… 79
4. 자녀의 권세를 받은 자」 요 1:12~13 ……… 83
5. 말씀이 육신이 되신 예수」 요 1:14 ……… 87
6. 사망에서 생명으로」 요 5:24~29 ……… 92
7. 자유하리라」 요 8:36 ……… 95
8. 믿는 자는」 요 11:25-26 ……… 99
9. 끝까지 사랑하시니라」 요 13:1 ……… 102
10. 예수 나의 친구」 요 15:14 ……… 105
11. 사명」 요 20:21 ……… 112
12. 부활을 본받아」 롬 6:5 ……… 117
13. 회개, 회심-개심, 개종」 행 3:19 ……… 121
14. 진정한 행복은」 롬 4:6-9 ……… 126
15. 환난 중에 즐거워하며」 롬 5:3상 ……… 129
16. 부활의 능력」 롬 6:8 ……… 133
17. 부르심의 축복」 롬 8:28 ……… 136
18. 서로 용납하라」 롬 14:1-2 ……… 143

19. 그리스도를 본받아」 고전 11:1 ········ 147

20. 견인」 고후 1:10 ········ 149

21. 함께 자랑이 되리라」 고후 1:14 ········ 154

22. 세월을 아끼라」 엡 5:15~16 ········ 158

23. 하나님의 전신갑주를 입자」 엡 6:11-13 ········ 163

24. 사랑하는 자 됨이라」 살전 2:8 ········ 168

25. 거룩하고 흠이 없게」 살전 3:13 ········ 173

26. 온전한 믿음의 사람」 히 10:22 ········ 179

27. 믿음의 정의」 히 11:1 ········ 182

28. 산 순교자」 히 11:38 ········ 188

29. 중심을 잡으라」 히 12:1-2 ········ 190

30. 마귀를 대적하라」 벧전 5:8-9 ········ 193

31. 큰 약속을 받은 자」 벧후 1:4 ········ 197

32. 그 피의 효력」 계 12:11 ········ 204

백기호목사가전하는

지혜의 샘

구약 메시지

호밥의 눈 1

민 10:29,
모세가 그 장인 미디안 사람 르우엘의 아들 호밥에게 이르되 여호와께서 주마 하신 곳으로 우리가 진행하나니 우리와 동행하자 그리하면 선대하리라 여호와께서 이스라엘에게 복을 내리리라 하셨느니라.

성경 속 인물인 호밥은 모세의 처남으로, 광야에서 이스라엘 백성을 인도하는 데 중요한 역할을 했습니다. '호밥의 눈'은 다음과 같은 의미를 담고 있습니다.

'호밥의 눈'-일차적 의미

1. 광야 길잡이
호밥은 광야 지리에 밝아 이스라엘 백성이 가나안 땅으로 가는 길을 안내하는 데 도움을 주었습니다. 이는 '호밥의 눈'이 험난한 여정에서 길을 잃지 않도록 돕는 역할을 상징합니다.

2. 지혜로운 조력자
호밥은 모세의 요청에 따라 이스라엘 백성의 눈이 되어 주었습니다.

이는 '호밥의 눈'이 단순히 길을 안내하는 것을 넘어, 지혜로운 조언과 도움을 주는 존재를 의미합니다.

3. 영적인 통찰력

일부의 사람들은 '호밥의 눈'을 영적인 통찰력으로 해석하기도 합니다. 이는 호밥이 단순히 육신의 눈이 아닌, 영적인 눈으로 세상을 바라보고 이스라엘 백성을 올바른 길로 인도했다는 의미입니다.

즉, '호밥의 눈'은 험난한 여정에서 길을 잃지 않도록 돕는 지혜로운 조력자이자, 영적인 통찰력을 가진 존재를 상징합니다.

호밥의 눈: 광야에서 길을 찾다

1. 호밥, 그는 누구인가?
- 모세의 처남: 호밥은 모세의 장인 이드로의 아들이며, 미디안 광야에 살던 유목민입니다.
- 광야 전문가: 그는 광야의 지리에 능통하며, 유목민으로서 광야 생활에 대한 풍부한 경험을 가지고 있습니다.
- 길잡이: 모세는 가나안으로 향하는 이스라엘 백성들을 위해 호밥에게 길잡이가 되어줄 것을 요청합니다.

2. 호밥의 눈이 주는 교훈
- 지혜와 경험의 중요성: 호밥은 광야라는 척박한 환경에서 살아남기 위한 지혜와 경험을 가지고 있었습니다. 우리 삶에도 예상치 못한

어려움과 광야 같은 시간이 찾아올 수 있습니다. 이때, 우리에게 필요한 것은 경험에서 오는 지혜와 어려움을 헤쳐나갈 수 있는 능력입니다.
- 협력과 동행의 가치: 모세는 호밥에게 길잡이가 되어줄 것을 요청하며, 함께 어려움을 헤쳐나가고자 했습니다. 우리도 혼자 모든 것을 해결하려 하기보다는 서로 협력하고 동행하며 어려움을 극복해야 합니다.
- 하나님의 인도하심: 호밥은 모세의 요청에 응답하여 이스라엘 백성들을 인도했습니다. 이는 하나님께서 호밥을 통해 이스라엘 백성들을 인도하신다는 것을 보여줍니다. 우리 삶에서도 하나님께서는 다양한 사람과 상황을 통해 우리를 인도하십니다.
- 선택과 결단: 호밥은 자신의 경험과 지혜를 이스라엘 백성들을 위해 사용하기로 결단했습니다. 우리도 삶의 중요한 순간에서 올바른 선택과 결단을 내려야 합니다.

3: 우리의 삶에 적용하기
- 나의 광야는 어디인가? 현재 내가 어려움을 겪고 있는 분야는 무엇인지 생각해보고, 그 어려움을 극복하기 위한 지혜와 경험을 찾아보세요.
- 나에게 호밥은 누구인가? 어려움을 함께 헤쳐나갈 수 있는 동반자나 조력자를 찾아보세요.
- 나는 누구의 호밥인가? 나의 경험과 지혜를 통해 다른 사람을 도울 수 있는 방법은 무엇인지 고민해보세요.

- 하나님의 인도하심을 구하기: 삶의 모든 영역에서 하나님의 인도하심을 구하고, 그분의 뜻에 따라 살아가도록 노력하세요.

호밥의 이야기는 우리에게
지혜와 경험, 협력과 동행, 하나님의 인도하심, 선택과 결단의 중요성을 일깨워줍니다.
우리도 호밥처럼 자신의 경험과 지혜를 통해서
다른 사람을 돕고,
하나님의 인도하심을 따라
광야 같은 세상을 헤쳐 나가는 삶을
살아가도록 노력해야 합니다.

호밥의 눈2

민 10:31,
모세가 가로되 청컨대 우리를 떠나지 마소서 당신은 우리가 광야에서 어떻게 진 칠 것을 아나니 우리의 눈이 되리이다.

성경 속의 인물인 호밥, 그의 '눈'은 단순히 시각적인 의미를 넘어, 영적인 통찰력과 지혜를 상징합니다.
민수기 10:29에서 모세는 호밥에게 '우리의 눈이 되어 달라'고 요청하는데, 이는 광야 길에 대한 호밥의 지식과 경험을 통해 이스라엘 백성을 안전하게 인도해 달라는 의미입니다.

호밥의 '눈'이 가진 영적인 의미

1. 길잡이
호밥은 광야 지리에 대한 뛰어난 이해를 바탕으로 이스라엘 백성에게 필요한 길잡이 역할을 할 수 있었습니다. 이는 물리적인 인도뿐 아니라, 어려운 상황에서 올바른 방향을 제시하는 지혜를 의미합니다.

2. 영적인 통찰력

'눈'은 영적인 통찰력을 상징하기도 합니다. 호밥은 하나님의 뜻을 분별하고 이스라엘 백성을 영적으로 인도하는 역할을 할 수 있었습니다.

3. 협력과 동역
모세의 요청은 호밥과의 협력과 동역을 의미합니다. 이는 공동체의 어려움을 함께 극복하고 서로에게 필요한 존재가 되어주는 중요성을 강조합니다.

- 호밥과 관련된 성경 구절:

민수기 10:29/ "모세가 미디안 사람 르우엘의 아들 호밥에게 이르되 여호와께서 주마 하신 곳으로 우리가 진행하나니 너와 동행하자 우리가 네게 선대하리라 여호와께서 이스라엘에게 복을 내리시리라 하셨느니라."

호밥에게서 얻을 수 있는 교훈

1. 지혜와 경험의 중요성
어려운 상황에서 지혜와 경험은 중요한 역할을 합니다. 호밥은 자신의 지혜와 경험을 통해 공동체에 기여했습니다.
하나님께서 교회를 위하여 주신 은혜와 은사를 필요한 분들에게 봉사의 도구가 되어야 합니다. 주라 그리하면 누르고 흔들어 넘치도록 채우고도 남아요.

2. 협력과 동역의 가치

공동체의 어려움을 함께 극복하기 위해서는 협력과 동역이 필요합니다. 모세와 호밥의 관계는 이러한 협력의 중요성을 보여줍니다.
교회의 일꾼으로 인정된 자로 자신을 하나님 앞에 드리기를 힘쓰는 사람은 합력하여 선을 이루도록 해야 합니다. 혼자서 다 하려고 하면 오래 할 수 없으므로 동역이 필요합니다.

우리의 천국의 노정에 함께 할 가이드,
반드시 혼자가 아닌 동역자, 조력자가 필요합니다.
그것은 나도 필요하지만
또 나 자신이 누군가에게 조력자가 되어야 함을
의미하기도 합니다.
호밥은 그 역할을 충분히 해낸 사람으로
우리 또한 그의 발자취를 따라
광야길 구원의 길에 누군가에게
조력자가 되어 주어야 합니다,

그런 의미에서 늘 이 시간에 분명한
호밥의 역할을 하고 있음에 진심으로 감사드립니다.
천국 가는 그날까지 변함없이 밝은 눈이 되어
이 시대에 하나님의 종들 모두가
서로에게 호밥이 되어 주리라 믿습니다.

3. 영적인 분별력의 필요성

올바른 길을 선택하고 하나님의 뜻을 따르기 위해서는 영적인 분별력이 필요합니다.

호밥의 이야기는 우리에게 지혜와 협력의 중요성을 일깨워줍니다.

행 26:18, "그 눈을 뜨게 하여 어두움에서 빛으로 사단의 권세에서 하나님께로 돌아가게 하고 죄 사함과 나를 믿어 거룩케 된 무리 가운데서 기업을 얻게 하리라 하더이다."

극히 담대한 마음

수 1:7,
오직 너는 마음을 강하게 하고 극히 담대히 하여 나의 종 모세가 네게 명한 율법을 다 지켜 행하고 좌로나 우로나 치우치지 말라 그리하면 어디로 가든지 형통하리니.

여호수아의 그토록 담대했던 원동력은 다음의 핵심적인 요소들에서 비롯되었습니다.

1. 하나님에 대한 확고한 믿음과 신뢰
여호수아 담대함의 가장 근본적인 원천입니다. 그는 하나님께서 약속하신 것을 반드시 이루실 것이라는 믿음을 굳게 가지고 있었습니다. 가나안 땅을 주시겠다는 하나님의 약속, 전투에서의 승리를 보장하신 말씀 등을 온전히 신뢰했기에 두려움 없이 나아갈 수 있었습니다. 그는 자신의 능력이나 주변 상황에 의존하지 않고, 전적으로 하나님을 의지했습니다.

2. 하나님의 말씀에 대한 순종
여호수아는 하나님의 명령에 철저하게 순종하는 사람이었습니다. 여리고 성을 돌라는 이해하기 어려웠던 명령이나, 가나안 족속을 진멸하라는 지시에도 그는 조금의 의심 없이 순종했습니다. 이러한 순종은 하나님과의 깊은 관계를 유지하게 했고, 하나님의 능력과 도우심을 경험하는 통로가 되었습니다. 그는 하나님의 말씀을 자신의 삶의 지침으로 삼고 그대로 따랐습니다.

3. 하나님의 임재에 대한 확신

하나님께서는 여호수아에게 **"내가 모세와 함께 있었던 것 같이 너와 함께 있을 것임이니라 내가 너를 떠나지 아니하며 버리지 아니하리니"**(수 1:5)라고 약속하셨습니다.

여호수아는 이 약속을 굳게 믿었고, 하나님께서 항상 자신과 함께 하신다는 확신이 그의 마음에 큰 용기를 불어넣었습니다. 그는 혼자가 아니라는 사실을 알았기에 어떤 어려움에도 맞설 수 있었습니다.

4. 모세의 리더십을 통한 훈련과 경험

오랫동안 모세의 수종으로 지내면서 여호수아는 지도자의 자질과 믿음을 배우고 훈련받았습니다. 그는 모세가 하나님의 능력으로 홍해를 가르고, 광야에서 백성을 인도하는 것을 직접 목격하며 하나님을 신뢰하는 법을 배웠습니다. 이러한 경험은 그가 새로운 지도자가 되었을 때 두려움 없이 자신의 역할을 수행하는 데 큰 영향을 미쳤습니다.

여호수아의 담대함은 그의 깊은 믿음, 철저한 순종, 하나님의 임재에 대한 확신, 그리고 이전 지도자를 통해 얻은 훈련과 경험이 어우러져 만들어낸 결과라고 할 수 있습니다. 그는 하나님을 전적으로 신뢰했기에 어떠한 상황에서도 흔들리지 않고 담대하게 나아갈 수 있었습니다.
모세가 세상을 떠난 후에 하나님은 여호수아에게 명령하셨습니다.
"**이스라엘 자손 곧 모든 백성과 함께 일어나 요단강을 건너서 내가 그들에게 주는 땅으로 가라.**"
요단강을 건너 원주민들을 물리칠 수 있으려면 강하고 담대해야 했습니다. 그런데 여호수아는 백성을 이끌고 갈 자신이 없었고, 가나안 땅을 정복하기에 자신은 지도자로서 자격 미달이라고 생각했습니다. 불순종을 일삼던 이스라엘 백성은 여호수아가 이끌고 가기에 만만치 않는 사람들이었습니다.

그래서 여호수아는 내가 하겠다고 담대하게 나설 수가 없었습니다. 이렇게 주저하는 여호수아를 하나님은 강하고 담대하게 하셨습니다. 함께할 것을 약속하셨습니다. 모세와 함께 하였던 것과 같이 함께하고 떠나지 아니하며 버리지 않겠다고 말씀하셨습니다.
여호수아가 사는 날 동안 아무도 그의 앞길을 가로막지 못하게 하겠다는 확신을 불어넣어 주셨습니다. 또 말씀을 붙잡으라고 하셨습니다.

하나님의 바람은 여호수아가 말씀 가운데 거하면서
강하고 담대하게 나아가는 것이었습니다.
우리가 담대해 질 수 있는 이유는 하나님에
대한 확실한 신뢰가 있기 때문입니다.

하나님이 내게 주신 놀라운 비전 역시
담대함으로 나아갈 때 이루어집니다.
"세상에서는 너희가 환난을 당하나 담대하라. 내가 세상을 이기었노라"(요 16:33)
고 주님께서 말씀하셨습니다.

소심하여 한 발자국도 움직이지 못하는 사람이라 할지라도
믿음은 그런 그를 대담하게 전진하게 합니다.
승리하는 날 비전을 향하여 담대하게 나갈 수 있기를
간절히 소망합니다

강하고 담대 하라며 힘주시는 하나님!
험한 세상에 살면서
때로는 두려움과 걱정이 앞서
주저하며 나가지 못할 때가 많습니다.
늘 함께하겠다고 약속하신
하나님을 신뢰하면서
말씀 가운데 전진하게 하옵소서.
예수 그리스도의 이름으로 기도합니다. 아멘.

새롭게 하소서

삼상 11:14,
사무엘이 백성에게 이르되 오라 우리가 길갈로 가서 나라를 새롭게 하자.

사랑하는 형제자매 여러분,
오늘 우리는 '새롭게 됨'이라는 주제로
함께 은혜를 나누고자 합니다.
새롭게 됨은 단순히 외적인 변화를 의미하는 것이 아닙니다.
그것은 우리 내면 깊숙한 곳에서부터
시작되는 근본적인 변화입니다.

하나님과의 관계에서 이루어지는 영적인 혁신

1. 낡은 자아를 벗어버림

우리는 과거의 상처, 죄책감, 잘못된 습관 등 낡은 자아를 벗어버려야 합니다. 이는 마치 낡은 옷을 벗고 새 옷을 입는 것과 같습니다.(엡 4:22-24)
자신의 연약함을 인정하고 하나님께 나아갈 때, 우리는 치유와 회복을 경험할 수 있습니다. 자아 성찰과 회개를 통해 우리는 내면의 변화를 이루어낼 수 있습니다.

2. 성령으로 충만함
새롭게 됨은 성령의 능력으로 가능합니다. 성령은 우리를 변화시키고 새로운 삶을 살도록 인도하십니다.(갈 5:16-25)
기도와 말씀을 통해 성령과의 교제를 깊게 하고, 성령의 인도하심에 민감하게 반응해야 합니다.
성령의 열매(사랑, 희락, 화평, 오래 참음, 자비, 양선, 충성, 온유, 절제)를 맺으며 살아갈 때, 우리는 더욱 성숙한 그리스도인이 될 수 있습니다.

3. 새로운 마음과 생각
우리는 세상을 본받지 않고 마음을 새롭게 함으로 변화를 받아야 합니다.(롬 12:2)
하나님의 말씀을 묵상하고 그 진리를 마음에 새길 때, 우리의 생각과 가치관은 변화됩니다.
긍정적이고 감사하는 마음으로 세상을 바라볼 때, 우리는 더욱 풍성한 삶을 누릴 수 있습니다.

4. 새로운 관계
새롭게 됨은 하나님과의 관계뿐만 아니라, 다른 사람과의 관계에도 영향을 미칩니다.(요일 4:20-21)
용서와 사랑으로 서로를 대하고, 공동체 안에서 함께 성장해나가야 합니다.
세상 속에서 그리스도의 사랑을 실천하며, 섬김과 나눔을 통해 하나님 나라를 확장해야 합니다.

새롭게 됨은 우리의 삶 전체를 변화시키는 놀라운 은혜입니다. 우리는 낡은 자아를 벗어버리고 성령으로 충만하여 새로운 마음과 생각으로 살아가야 합니다. 또한, 하나님과의 관계뿐만 아니라, 다른 사람과의 관계에서도 새로운 변화를 경험해야 합니다.
이 자리에서 우리 모두 새롭게 되기를 결단하고, 하나님께서 주시는 놀라운 은혜를 경험하는 복된 삶을 살아가시기를 축복합니다.

시 104:30/"주의 영을 보내어 저희를 창조하사 지면을 새롭게 하시나이다."
시 51:10/"하나님이여 내 속에 정한 마음을 창조하시고 내 안에 정직한 영을 새롭게 하소서."
시 103:5/"좋은 것으로 네 소원을 만족케 하사 네 청춘으로 독수리같이 새롭게 하시는도다."
겔 18:3/"너희는 범한 모든 죄악을 버리고 마음과 영을 새롭게 할지어다 이스라엘 족속아 너희가 어찌하여 죽고자 하느냐."

롬 12:2/"너희는 이 세대를 본받지 말고 오직 마음을 새롭게 함으로 변화를 받아 하나님의 선하시고 기뻐하시고 온전하신 뜻이 무엇인지 분별하도록 하라."

온 집이 복을 받은 자1

삼하 6:10-12.
10. 여호와의 궤를 옮겨 다윗성 자기에게로 메어 가기를 즐겨 하지 아니하고 치우쳐 가드 사람 오벧에돔의 집으로 메어 간지라
11. 여호와의 궤가 가드 사람 오벧에돔의 집에 석달을 있었는데 여호와께서 오벧에돔과 그 온 집에 복을 주시니라
12. 혹이 다윗 왕에게 고하여 가로되 여호와께서 하나님의 궤를 인하여 오벧에돔의 집과 그 모든 소유에 복을 주셨다 한지라 다윗이 가서 하나님의 궤를 기쁨으로 메고 오벧에돔의 집에서 다윗성으로 올라갈새.

오벧에돔은 구약 성경에서 언급되는 인물로,
사무엘하 및 역대기서에서 중요한 역할을 합니다.
그는 기럇여아림에 살던 레위 사람으로,
이스라엘의 언약궤가 그의 집에 머무르던 동안
하나님께서 그에게 축복을 내려주었다고 합니다.

다윗 왕은 언약궤를 예루살렘으로 옮기려고 하였으나
그 과정에서 사고가 발생하고
언약궤를 몇 년 동안 오벳에돔의 집에 두게 되었습니다.
그 사이에 오벳 에돔의 집은 하나님으로부터 큰 축복을 받았고,

석 달동안 받은 복이 전국에 소문이 나고
다윗의 왕궁에까지 들어가서
'하나님께서 복을 주시므로 복을 받은 자이다.'
이에 다윗은 언약궤를 다시 가져오기로 결심하게 됩니다.

오벳에돔은 그의 믿음과 하나님에 대한 헌신으로 인해
성경에서 긍정적인 구절로 기억되고 있습니다.
그의 집안은 언약궤를 통해 하나님의 은혜를 경험했으며,
레위 사람으로서 제사와 관련된 역할도 맡고 있었습니다.
이러한 이유로 오벳에돔은 이스라엘 역사에서
중요한 인물로 여겨집니다.

스룹바벨 성전의 문지기인 오벳에돔의 자손들은
성전 봉사에 헌신했던 중요한 인물들입니다.
구약 성경에서 스룹바벨은,
바벨론 포로에서 돌아온 유대인들을 이끌고
성전 재건을 주도한 인물로,
그의 시대에 성전의 문지기들과
성전 봉사자들이 중요한 역할을 했습니다.
역대상 26장에는 오벳에돔과 그의 자손들에 대한 기록이 있으며,
그들이 성전에서 맡은 직무와 역할이 언급됩니다.
오벳에돔의 자손들은 성전의 문을 지키는 역할을 맡아,
성전의 신성함을 보호하고

하나님께 경배하는 사람들을 인도하는 일을 했습니다.

여기서 오벳에돔은 단순히 개인의 역할을 넘어서,
그의 후손들이 하나님의 사역에 어떻게 기여했는지를
보여주는 중요한 인물입니다.
그의 자손들은 신앙의 유산을 이어받아,
하나님의 집에서 봉사하며
이스라엘 백성과 하나님 사이의 관계를
깊게 하는 데 기여했습니다.

우리가 본을 받을 신앙의 모습이 오벤에돔처럼
법궤를 사랑함 같이 하나님의 임재의 실체이신 예수 그리스도를
우리 집에 모시면 나와 나의 집이 복을 받습니다.
이는 삭개오가 받은 아브라함의 후손의 복을
계승한 위대한 복을 받은 축복의 대 헌장을 이루는
역사가 나타납니다.
생육하고 번성하여 충만하고 정복하고 다스리는
아담의 복, 노아의 복, 아브라함의 복, 그 후손의 복
우리의 후손에게 임하는 복.

잠 8:17, 21/"나를 사랑하는 자들이 나의 사랑을 입으며 나를 간절히 찾는 자가 나를 만날 것이니라 / 이는 나를 사랑하는 자로 재물을 얻어서 그 곳간에 채우게 하려 함이니라."

온 집이 복은 받은 자2

삼하 6:10-11.
10. 여호와의 궤를 옮겨 다윗성 자기에게로 메어 가기를 즐겨하지 아니하고 치우쳐 가드 사람 오벧에돔의 집으로 메어 간지라
11. 여호와의 궤가 가드 사람 오벧에돔의 집에 석달을 있었는데 여호와께서 오벧에돔과 그 온 집에 복을 주시니라.

성경에 따르면 오벧에돔은 석 달 동안 하나님의 언약궤를 자신의 집에 모심으로써 큰 복을 받은 인물입니다.

오벧에돔에 대한 자세한 정보

1. 오벧에돔은 누구인가?
- 오벧에돔은 가드 사람이었습니다. 여기서 '가드 사람'은 그가 단 지파의 지경에 있던 레위인의 성읍인 가드림몬 출신임을 의미합니다.
- 그는 레위 지파 고핫 자손으로 고라의 후손이었습니다. 즉, 그는 언약궤를 섬길 자격이 있는 레위인이었습니다.
- 예루살렘 성전의 문지기였으며, 수금을 연주하는 레위인이었습니다.

2. 오벧에돔이 복을 받게 된 배경
- 다윗 왕은 하나님의 언약궤를 예루살렘으로 옮기려 했으나, 운반 도중 웃사가 죽는 사고가 발생했습니다.
- 다윗은 두려움에 휩싸여 언약궤를 오벧에돔의 집에 맡겼습니다.
- 하나님의 언약궤를 두려워하지 않고 자신의 집에 기꺼이 모셨습니다.

3. 오벧에돔이 받은 복
- 오벧에돔이 언약궤를 집에 모신 석 달 동안, 하나님께서는 그의 온 집에 복을 내려주셨습니다.
- 이 소문은 전국에 퍼졌고, 다윗 왕은 다시 용기를 내어 언약궤를 예루살렘으로 옮겼습니다.

생명은 생명을 낳고 순종은 순종을 낳고
기적은 기적을 낳고 축복은 축복을 낳으리니

4. 오벧에돔의 이야기가 주는 교훈
- 하나님을 경외하고 그분의 뜻에 순종하는 자에게는 복이 임합니다.
- 어려운 상황에서도 하나님을 신뢰하고 섬기는 것이 중요합니다.
- 작은 일에 충성할 때 하나님께서 큰 복을 주신다는 것을 알 수 있습니다.

오벧에돔의 이야기는 오늘날 우리에게도 큰 교훈을 줍니다. 하나님을 경외하고 그분의 뜻에 순종하며 살아갈 때, 우리도 오벧에돔처럼 하나님의 복을 누릴 수 있습니다.

오늘 이 하루도 말씀을 적용하여 잠깐이라도 신령과 진정으로 창조주 하나님께 경배와 찬송을 드리며 승리하며 살아갈지라

마 25:21/"그 주인이 이르되 잘 하였도다 착하고 충성 된 종아 네가 작은 일에 충성하였으매 내가 많은 것으로 네게 맡기리니 네 주인의 즐거움에 참예할지어다 하고."

욥의 행사

욥 1:5,
그 잔치 날이 지나면 욥이 그들을 불러다가 성결케 하되 아침에 일어나서 그들의 명수대로 번제를 드렸으니 이는 욥이 말하기를 혹시 내 아들들이 죄를 범하여 마음으로 하나님을 배반하였을까 함이라 욥의 행사가 항'상' 이러하였더라.

성경 속의 욥은 고난과 믿음의 상징적인 인물입니다.
욥기에 등장하는 욥은 순전하고 정직하며
하나님을 경외하는 사람이었습니다.
그는 재산과 명예, 그리고 자녀들까지
모든 것을 갖춘 행복한 삶을 살았습니다.
그러나 믿음의 사람 욥에게도
고난과 시험이 어느 날 찾아와,
하나님과 사탄의 대화에서
욥의 믿음이 시험받게 됩니다.
사탄은 욥이 하나님을 경외하는 이유가
그의 축복 때문이라고 주장하며,
욥에게 재앙을 내려

그의 믿음을 시험해 보겠다고 제안합니다.

하나님의 허락 하에 사탄은 다음과 같은 고난을 가져다줍니다.

- 재산의 손실: 스바 사람들과 갈대아 사람들의 침략으로 욥의 모든 재산이 약탈당하고, 양과 종들이 죽임을 당합니다.
- 자녀들의 죽음: 큰바람이 불어 욥의 자녀들이 모두 한꺼번에 죽습니다.
- 질병: 욥은 온몸에 악성 종기가 나는 심각한 질병에 걸립니다.

1. 욥의 반응과 믿음

극심한 고통 속에서도 욥은 하나님을 원망하거나 저주하지 않고, 오히려 자신의 고난을 통해 하나님의 뜻을 찾으려 노력합니다.

욥의 친구들은 그의 고난이 죄 때문이라고 비난하지만, 욥은 자신의 결백을 주장하며 하나님께 항변합니다.

2. 하나님의 응답과 회복

욥의 고난과 믿음에 대한 이야기는 하나님께서 폭풍우 속에서 욥에게 나타나 그의 위대하심과 섭리를 설명하는 것으로 절정에 이릅니다.

욥은 하나님의 광대하심 앞에 겸손히 순종하고, 하나님은 욥의 믿음을 인정하시고 그에게 이전보다 더 큰 축복을 내리십니다.

3. 욥의 이야기의 의미

욥의 이야기는 다음과 같은 중요한 의미를 전달합니다.

- 고난의 신비: 의인이 고난을 겪는 이유에 대한 근본적인 질문을 던

집니다.
- 믿음의 중요성: 고난 속에서도 하나님을 향한 믿음을 잃지 않는 것의 중요성을 강조합니다.
- 하나님의 주권: 인간의 이해를 초월하는 하나님의 섭리와 주권을 보여줍니다.

욥의 이야기는 오늘날까지도 많은 사람들에게
위로와 희망을 주는 메시지를 전달하며,
인간의 고난과 믿음에 대한 깊은 성찰을 제공합니다.

욥은 우수한 인격과 부유한 재산을 가진
의로운 사람으로 묘사됩니다.
그의 이야기는 고난과 믿음을 탐구하는
중요한 주제를 다루고 있습니다.
아래는 욥의 생애를 요약하여 설명한 내용입니다.(약 5:11)
"보라 인내하는 자를 우리가 복되다 하나니 너희가 욥의 인내를 들었고 주께서 주신 결말을 보았거니와 주는 가장 자비하시고 긍휼히 여기는 자시니라."

욥의 생애

1. 욥의 초기 삶

욥은 우즈 땅에 살았던 부유한 사람으로,
많은 양 떼, 낙타 떼, 소 떼,
그리고 많은 종을 거느리고 있었습니다.

그의 삶은 풍요롭고 평화로웠으며,
그는 가족과 함께 행복한 날들을 보냈습니다.
욥은 하나님을 경외하고,
그의 자녀들을 위해 정기적으로 제사를 드리며
하나님과의 올바른 관계를 유지했습니다.

2. 시험의 시작

하나님과 사단 사이의 대화에서,
사단은 욥의 믿음이 그의 복된 삶에서 비롯되었다고 주장합니다.
하나님은 욥을 시험하기로 결정하고,
이에 따라 욥은 갑작스럽게
모든 재산과 자녀를 잃는 끔찍한 사건을 경험하게 됩니다.
그러나 욥은 "주신 이도 여호와시요, 취하신 이도 여호와시니"라며 하나님을 찬양합니다.
그의 믿음은 처음에는 흔들리지 않았습니다.

3. 욥의 고난

이후 욥은 몸의 병으로 고통을 받고,
세 친구들이 그를 위로하러 찾아옵니다.
그러나 친구들은 욥의 고난을 그의 죄 때문이라고 주장하며,
욥이 회개해야 한다고 압박합니다.
욥은 자신이 의롭다고 주장하며,
자신의 고난이 불합리하다고 항변합니다.

이러한 논쟁은 욥과 친구들 간에 끊임없이 이어집니다.

4. 욥의 성찰

고난 속에서 욥은 하나님에 대한 질문을 던지기 시작하고,
자신의 고난의 이유를 이해하려 하며,
하나님과 대면하고 싶어 합니다.
그는 하나님이 왜 자신에게 이렇게 하시는지 알고 싶어 하고,
공의를 원합니다.
이러한 고백은 절망의 깊은 바닥에서 나온 것이지만,
동시에 욥의 신앙의 깊이를 보여줍니다.

5. 하나님의 응답

욥의 고난이 지속 되던 중,
하나님은 구름 속에서 욥에게 나타나 질문하십니다.
"네가 나를 창조할 때에 어디 있었느냐?"라는 식의 질문으로
욥을 가르치며 인류의 한계를 일깨워 줍니다.
욥은 하나님 앞에서 자신의 미천함을 깨닫고,
하나님의 선하심과 위엄을 인정합니다.

6. 욥의 회복

욥은 자신의 무지를 인정하고 회개한 후에,
하나님은 욥의 고난을 끝내고
그에게 다시 재산과 가족을 회복시켜 주십니다.

욥은 이전보다 더욱 풍요로운 삶을 살게 되며,
그의 믿음은 다시 한 번 강해집니다.
이 과정은 하나님이 인간에게 주는 시험과 믿음의
깊은 의미를 드러냅니다.

욥의 이야기는 고난 중에서도 신앙을 지키는 것이
얼마나 중요한지를 보여줍니다.
욥은 하나님에 대한 의심과 질문을 가질 수 있었지만,
결국 하나님께 돌아가고 그를 더욱 깊이 이해하게 됩니다.
욥의 생애는 신앙의 여정에서
우리가 마주하는 고난과 그 속에서의 성찰,
그리고 하나님의 은혜를 경험하는 과정을 잘 나타냅니다.

욥 23:10/"나의 가는 길을 오직 그가 아시나니 그가 나를 단련하신 후에는 내가 정금 같이 나오리라."

나의 힘이 되신 여호와여

시 18:1,
나의 힘이 되신 여호와여 내가 주를 사랑하나이다

하나님을 나의 하나님 아버지로
예수님을 나의 친구 신랑으로
성령님을 나의 스승으로 삼는 백성은 복 있는 자.
나의 도움이 어디서 올꼬?
천지를 지으신 하나님께로다 우리 인생은
도움이 없이는 한순간도 살 수 없다
나를 눈동자처럼 보호하신 주.

시 17:8-9/"나를 눈동자 같이 지키시고 주의 날개 그늘 아래에 감추사 내 앞에서 나를 압제하는 악인들과 나의 목숨을 노리는 원수들에게서 벗어나게 하소서."

나를 도우시는 하나님은 천지를 지으시고 만물을 만드시고
나라와 정세를 다스리시며 섭리하시고
인생의 생사화복을 주관하신 분이시오

자기 백성을 실족하지 않게 하신 아버지시라.
그가 계시지 않은 곳이 없으시며
졸지도 않으시고 주무시지도 않으신 분이시오
모든 일을 자기 뜻대로 행하시는 전지전능하신 하나님이시라
우리를 강한 의의 오른손으로 붙드시며
밤과 낮이 우리를 해치지 못하게 하시며
모든 환난에서 건지시고 우리의 출입을 지금부터 영원까지 지키시는
자비로우시고 은혜로우신 우리 사랑의 아버지시로다.

시 144:15/"이러한 백성은 복이 있나니 여호와를 자기 하나님으로 삼는 백성은 복이 있도다."

하나님의 크신 은총을 입은 자여!
너는 세상에서 가장 복을 받은 자로다 그러므로 우리는 날마다
주 예수 그리스도의 십자가의 구원을
감사하며 찬양하며 영광스런 소망 중에 참으며
환난과 역경 속에도 충성하며 날마다 주와 동행하며
주의 오실 날을 준비하며 아무것도 염려나 근심과 두려움 없이
강하고 담대한 믿음으로 평강 가운데 주께 영광을 돌리며 값진 삶을
살지라.

1. 도울 힘이 없는 방백과 인생을 의지하지 말라

시 146:3-4/"귀인(방백)들을 의지하지 말며 도울 힘이 없는 인생도 의지하지 말

지니 그의 호흡이 끊어지면 흙으로 돌아가서 그 날에 그의 생각이 소멸하리로다."

2. 아브라함의 하나님, 이삭의 하나님, 야곱의 하나님으로 도움으로 삼으라

시 146:5/"야곱의 하나님을 자기의 도움으로 삼으며 여호와 자기 하나님에게 자기의 소망을 두는 자는 복이 있도다."

3. 악한 자들을 두려워 말라

히 13:6/"우리가 담대히 말하되 주는 나를 돕는 이시니 내가 무서워하지 아니하겠노라 사람이 내게 어찌하리요."

이와 같은 그리스도인은 세상이 어찌할 수 없고
감당 할 수 없는 특별한 하나님의 보호를 받는
하나님의 영광의 자녀들입니다.

4. 여호와께서 나를 지키시며 살게 하시고 고치심이라

시 41:1-3/"가난한 자를 보살피는 자에게 복이 있음이여 재앙의 날에 여호와께서 그를 건지시리로다 여호와께서 그를 지키사 살게 하시니 그가 이 세상에서 복을 받을 것이라 주여 그를 그 원수들의 뜻에 맡기지 마소서 여호와께서 그를 병상에서 붙드시고 그가 누워 있을 때마다 그의 병을 고쳐 주시나이다."

5. 강한 오른팔로 붙드시고 도와주신 주

사 41:10/"두려워하지 말라 내가 너와 함께 함이라 놀라지 말라 나는 네 하나님이 됨이라 내가 너를 굳세게 하리라 참으로 너를 도와주리라 참으로 나의 의로운 오른손으로 너를 붙들리라."

6. 하나님이 주신 참 평안

요 14:27/"**평안을 너희에게 끼치노니 곧 나의 평안을 너희에게 주노라 내가 너희에게 주는 것은 세상이 주는 것 같지 아니하리라 너희는 마음에 근심하지도 말고 두려워하지도 말라.**"

전능하신 주께서 나와 항상 함께하시니
내가 무슨 일을 두려워하며 내가 누구를 무서워하리요.

하나님은 우리의 숨겨진 엔진과 같음
자동차를 예로 들어봅시다. 겉으로는 보이지 않지만,
엔진은 자동차를 움직이는 핵심 동력입니다.
이처럼 하나님은 우리 삶의 숨겨진 엔진과 같습니다.
우리가 인식하지 못하는 순간에도,
우리 안에서 힘을 공급하시고 우리를 이끄십니다.
우리가 절망에 빠져 있을 때,
하나님은 다시 일어설 수 있는 힘을 주십니다.
우리가 두려움에 떨고 있을 때,
하나님은 용기를 불어넣어 주십니다.

7. 하나님, 우리 삶의 GPS

현대인들에게 GPS는 필수적인 도구입니다.
낯선 곳에서도 길을 잃지 않고
목적지에 도달하도록 안내합니다.
하나님은 우리 삶의 GPS와 같습니다.

때로는 우리가 어디로 가야 할지 모를 때,
하나님은 우리를 올바른 길로 인도하십니다.
우리가 갈림길에서 방황할 때,
하나님의 말씀은 우리의 나침반이 되어줍니다.
우리가 어둠 속에서 헤맬 때,
하나님의 사랑은 우리의 빛이 되어줍니다.

8. 하나님, 우리 마음의 백신

백신은 우리 몸을 질병으로부터 보호하는 중요한 역할을 합니다.
하나님은 우리 마음의 백신과 같습니다.
세상의 부정적인 영향력과 유혹으로부터
우리의 마음을 지켜주십니다.
우리가 미움과 분노에 휩싸일 때,
하나님의 용서는 우리의 마음을 치유합니다.
우리가 욕심과 탐욕에 물들 때,
하나님의 사랑은 우리의 마음을 정화합니다.

고난과 역경 뒤에 오는 행복

시 119:71,
고난 당한 것이 내게 유익이라 이로 인하여 내가 주의 율례를 배우게 되었나이다.

병든 소에게서 우황이 얻어집니다.
병들지 않은 소의 몸에는 우황이 없습니다.
푸른곰팡이로 페니실린을 만듭니다. 버섯도 곰팡이입니다.
로키산맥같이 험준하고 깊은 계곡에서
비바람과 눈보라의 고통을 뚫고 죽지 않고 살아난 나무가
공명(共鳴)에 가장 좋은 원료가 되어 세계 명품 바이올린이 됩니다.

고난과 역경 뒤에 위대한 작품들이 나오고 명품들이 나오듯이
우리도 시련과 환란을 통해 귀하게 쓰임 받는 존재가 됩니다.
생활이 궁핍하다 해도 여유 있는 표정을 짓는 사람은
행복한 사람입니다.
누가 나에게 섭섭하게 해도 그동안 나에게 그가 베풀어 주었던
고마움을 생각하는 사람은 행복한 사람입니다.
밥을 먹다가 돌이 씹혀도 돌보다는

밥이 많다며 웃는 사람은 행복한 사람입니다.

밥이 타거나 질어 아내가 미안해할 때

누룽지도 먹고 죽도 먹는데 무슨 상관

이냐며 대범하게 말하는 사람은 행복한 사람입니다.

욥 23:10/"나의 가는 길을 오직 그가 아시나니 그가 나를 단련하신 후에는 내가 정금 같이 나오리라."

고난을 당하는 것이 유익이라는 말은 이해하기 어려울 수 있지만,

성경을 비롯한 여러 지혜로운 가르침 속에서

중요한 의미를 지닙니다.

고난을 통해 얻을 수 있는

성장, 연단, 겸손, 공감 등의 가치를 강조합니다.

성경적으로 볼 때, 고난은 단순히

부정적인 경험으로만 해석되지 않습니다.

성경에서 고난의 유익을 강조하는 주요 관점

1. 연단과 성숙(롬 5:3-5, 약 1:2-4)

고난은 인내를 낳고, 인내는 연단을, 연단은 소망을 이루어 갑니다. 마치 금을 불에 달구어 순도를 높이듯, 고난은 우리의 믿음과 인격을 단련시켜 더욱 성숙한 사람으로 만들어 줍니다.

2. 죄에 대한 민감성(히 12:5-11)

때로는 징계의 형태로 오는 고난은 우리를 돌아보게 하고 죄에서 멀

어지도록 이끌 수 있습니다. 마치 사랑하는 자녀를 훈육하듯, 하나님은 고난을 통해 우리를 바른길로 인도하시기도 합니다.

3. 하나님과의 더욱 깊은 관계(시 119:71)

고난 가운데 우리는 더욱 간절하게 하나님을 찾고 의지하게 됩니다. 어려움을 통해 하나님의 위로와 도우심을 경험하며 더욱 깊은 신뢰 관계를 맺습니다.

4. 다른 사람을 이해하고 공감하는 능력(고후 1:3-4)

자신이 고난을 겪어보았기에 다른 사람의 고통을 더 깊이 이해하고 위로하며 도울 수 있게 됩니다. 고난은 우리를 더욱 따뜻하고 공감 능력 있는 사람으로 변화시킵니다.

5. 예수 그리스도의 고난에 동참(빌 3:10)

그리스도인에게 고난은 예수 그리스도의 고난에 동참하는 의미를 가질 수 있습니다. 예수님의 고난을 묵상하며 그 사랑과 희생을 깨닫고, 우리 또한 그 길을 따를 힘을 얻을 수 있습니다.

6. 영원한 영광에 대한 소망(고후 4:17-18)

현재의 고난은 장차 우리에게 나타날 영광과 비교할 수 없이 가볍다고 성경은 말합니다. 고난을 통해 우리는 이 세상의 것에 소망을 두는 것이 아니라, 영원한 하나님 나라를 바라보는 믿음을 갖게 됩니다. 하지만 고난 자체가 무조건적으로 유익한 것은 아닙니다.

중요한 것은 고난을 어떤 마음으로 받아들이고
어떻게 대처하느냐입니다.
믿음 안에서 인내하며 하나님의 도우심을 구하고,
고난을 통해 배우고 성장하려는 자세가 필요합니다.

지혜의 샘

잠 18:4
명철한 사람의 입의 말은 깊은 물과 같고 지혜의 샘은 솟쳐 흐르는 내와 같으니라

보혜사 성령님은 지혜와 계시의 영으로 사모하는 모든 이에게
한량없이 부어 주십니다.
무한한 지혜, 창조적인 지혜, '지혜의 샘'은 단순히
지식이나 정보를 넘어선, 깊은 통찰력과 분별력을 의미합니다.
영적이고 신령한 관찰을 통해서 지혜의 샘을 얻는다는 것은,
보이는 것을 넘어 보이지 않는 본질을 꿰뚫어 보고,
하나님의 뜻을 깨달아 삶에 적용하는 것을 말합니다.
이는 우리의 영혼을 깨우고 삶의 모든 영역에서
승리하는 데 필수적인 요소입니다.

영적인 눈을 여는 관찰

영적인 관찰은 육신의 눈으로 보는 것을 넘어섭니다. 성경은, "영적인 것은 영적으로 분별해야 한다"고 말합니다(고전 2:14). 이는 곧 세상적

인 관점이 아닌, 성령의 조명 아래 모든 것을 바라보는 훈련이 필요하다는 뜻입니다.

1. 말씀을 통한 통찰

하나님의 말씀은 우리의 영적인 눈을 열어주는 가장 중요한 도구입니다. 말씀을 묵상하고 암송하며, 그 안에 담긴 하나님의 마음과 뜻을 헤아릴 때, 우리는 세상의 사건들을 영적인 시각으로 해석할 수 있게 됩니다. 예를 들어, 고난이 닥쳤을 때 단순히 힘든 상황으로 보는 것이 아니라, 그 안에서 하나님이 우리에게 가르치고자 하시는 바를 깨닫는 것입니다.

2. 기도를 통한 분별력

기도는 하나님과의 대화이며, 우리의 영이 깨어나는 시간입니다. 깊은 기도를 통해 우리는 성령의 음성을 듣고, 상황의 본질을 꿰뚫어 볼 수 있는 분별력을 얻습니다. 어떤 결정을 내려야 할 때, 단순히 이성적인 판단을 넘어 기도 가운데 하나님의 인도하심을 구할 때 우리는 지혜로운 길을 선택할 수 있습니다.

3. 성령의 인도하심에 민감함

성령님은 우리 안에서 역사하시며 진리로 인도하십니다. 우리의 영이 성령님의 세미한 음성에 민감하게 반응할 때, 우리는 세상의 유혹과 거짓에서 벗어나 진리를 붙들 수 있습니다. 이는 마치 어둠 속에서 빛을 발견하는 것과 같습니다.

신령한 지혜로 삶을 해석하는 관찰

영적인 관찰을 통해 얻은 지혜는 우리의 현실적인 삶에
적용될 때 비로소 빛을 발합니다.
이는 단순히 추상적인 개념이 아니라,
삶의 모든 영역에서 승리를 가져다주는 실질적인 능력입니다.

1. 인간관계 속의 지혜
사람들을 영적인 시각으로 바라볼 때, 우리는 그들의 행동 이면에 있는 상처나 필요를 이해할 수 있습니다. 겉으로 드러나는 모습만이 아니라, 그 영혼의 깊이를 이해하고 사랑으로 대할 때, 우리는 진정한 관계를 맺고 화평을 이룰 수 있습니다. 이는 용서와 인내, 그리고 사랑의 실천으로 이어집니다.

2. 문제해결의 통찰력
우리가 직면하는 문제들을 단순히 눈앞의 장애물로 여기는 것이 아니라, 그 안에서 하나님의 계획을 찾으려 할 때 새로운 해결책을 발견할 수 있습니다. 예를 들어, 다니엘이 환난 속에서도 지혜를 구하고 하나님의 뜻을 구했을 때, 그는 왕의 꿈을 해석하고 나라의 위기를 극복할 수 있었습니다. 신령한 지혜는 세상적인 방법으로는 도저히 풀 수 없는 문제들을 푸는 열쇠가 됩니다.

3. 미래를 내다보는 혜안

영적인 관찰은 우리에게 현재의 상황 너머를 볼 수 있는 혜안을 줍니다. 세상의 흐름과 영적인 흐름을 동시에 이해할 때, 우리는 다가올 변화에 더 지혜롭게 대비하고, 하나님의 뜻 안에서 미래를 계획할 수 있습니다. 이는 단순히 점을 치는 것이 아니라, 하나님의 말씀과 성령의 인도하심에 기반한 통찰력입니다.

4. 자신을 돌아보는 성찰

가장 중요한 지혜는 자기 자신을 영적인 눈으로 바라보는 것입니다. 우리의 약점과 죄성을 인정하고, 하나님의 은혜와 용서 안에서 변화를 추구할 때 진정한 성장과 승리를 경험합니다. 이는 겸손함과 자기 성찰을 통해 이루어집니다.

'지혜의 샘'을 영적이고 신령한 관찰을 통해 얻는다는 것은,
하나님과의 깊은 교제를 통해 우리의 영적인 감각을 일깨우고,
그 깨달음을 바탕으로 삶의 모든 영역에서 하나님의 뜻을 따라
살아가며 승리하는 것입니다.
이는 멈추지 않고 계속해서 깊이 파내려 가야 할
영원한 샘과 같습니다.
혹시 지금 특별히 지혜가 필요하다고 느끼시는
삶의 영역이 있으신가요?

다 헛되도다

전 1:2,
전도자가 가로되 헛되고 헛되며 헛되고 헛되니 모든 것이 헛되도다.

"헛되고 헛되며 헛되도다"는 전도서 1:2에 나오는 구절입니다. 이는 인간의 삶과 세상의 모든 것이 덧없고 무의미하다는 것을 강조하는 말로, 다음과 같은 다양한 의미와 해석을 담고 있습니다.

'헛되도다'의 의미와 해석

1. 인생의 삶이란 [공수래공수거]
욥 1:21/"가로되 내가 모태에서 적신이 나왔사온즉 또한 적신이 그리로 돌아 가올지라 주신 자도 여호와시요 취하신 자도 여호와시오니 여호와의 이름이 찬송을 받으실지니이다 하고."

2. 삶의 유한함과 덧없음
- 인간의 삶은 짧고 유한하며, 아무리 노력해도 결국에는 사라지는 존재라는 것을 의미합니다.
  안개 같고. 꽃과 같고. 이슬 같다.

- 세상의 모든 물질적인 것, 명예, 권력 등은 일시적인 것이며, 영원한 가치를 지니지 못한다는 것을 나타냅니다.

3. 인간의 욕망과 노력의 헛됨
- 인간은 끊임없이 욕망을 추구하고 노력을 기울이지만, 결국에는 만족을 얻지 못하고 허무함을 느끼게 된다는 것을 의미합니다.

전 1:8/"만물의 피곤함을 사람이 말로 다 할 수 없나니 눈은 보아도 족함이 없고 귀는 들어도 차지 아니하는도다."

세상의 모든 것은 예측할 수 없고 불확실하며, 인간의 노력만으로는 모든 것을 통제할 수 없다는 것을 나타냅니다.

4. 신앙적인 의미
- 인간의 삶은 하나님 안에서만 진정한 의미와 가치를 찾을 수 있다는 것을 강조합니다.

요 15:5/"나는 포도나무요 너희는 가지니 저가 내 안에 내가 저 안에 있으면 이 사람은 과실을 많이 맺나니 나를 떠나서는 너희가 아무도 할 수 없음이라."

- 세상의 헛된 것에 집착하지 않고, 영원한 가치를 추구해야 한다는 것을 가르칩니다.

시 103:5/"좋은 것으로 네 소원을 만족케 하사 네 청춘으로 독수리같이 새롭게 하시는도다."

5. 철학적인 의미
- 실존주의 철학에서는 인간의 삶이 근본적으로 무의미하며, 인간은 스스로 의미를 만들어나가야 한다고 주장합니다.

- 허무주의 철학에서는 삶의 모든 것이 무의미하며, 어떠한 가치도 존재하지 않는다고 주장합니다.

6. 문학적인 의미
- 이 구절은 문학 작품에서 인간의 삶의 비극성, 허무주의적인 세계관 등을 표현하는 데 자주 사용됩니다.
- 인간의 삶에 대한 깊은 성찰과 고뇌를 나타내는 데 사용되기도 합니다.

"헛되고 헛되며 헛되도다"는 다양한 해석이 가능한 깊이 있는 구절입니다. 이 구절은 인간의 삶과 세상에 대한 근본적인 질문을 던지며, 우리에게 삶의 진정한 의미와 가치에 대해 생각해보도록 합니다.

'헛된 것'이라는 주제는 여러 가지 해석이 가능할 수 있지만, 일반적으로 사람이나 사회에서 중요하지 않거나 의미가 없다고 여겨지는 것들을 말할 수 있습니다.

헛된 것의 예시 5가지

1. 명예와 외적 인정
다른 사람의 칭찬이나 인정을 과도하게 중시하는 것. 결국, 그것이 진정한 행복이나 자기 존중감을 가져다주지 않는 경우가 많습니다.

2. 소유물에 대한 집착
물질적 재화나 소유물에 모든 가치를 두는 것. 남들이 가진 것에 대한 질투나 비교로 인해 스트레스를 느끼기도 하지만, 이러한 소유물은 궁극적인 행복을 주지 않습니다.

3. 형식적 관계
겉으로는 친한 척하지만 실제로 깊은 이해나 신뢰가 없는 관계. 이러한 관계는 공허함을 느끼게 할 수 있습니다.

4. 일시적인 유행
유행이나 트렌드에 대한 지나친 집착. 패션, 음악, 인터넷 문화 등이 시간이 지나면서 사라지게 되며, 그것들에만 몰두하는 건 허무한 일이 될 수 있습니다.

5. 완벽함에 대한 강박
완벽하게 할 수 있어야 한다는 압박감. 인생에서 완벽한 것은 없으며, 이러한 강박관념은 오히려 스트레스와 불행을 초래할 수 있습니다.

이와 같은 것들은 개인의 삶이나 사회 전반에 걸쳐서
중요한 가치가 아닐 수 있으며,
때로는 진정한 행복과 의미를 찾는 데 방해가 될 수 있습니다.

고후 3:5/"우리가 무슨 일이든지 우리에게서 난 것같이 생각하여 스스로 만족할 것이 아니니 우리의 만족은 오직 하나님께로서 났느니라."

생명의 샘

겔 47:1,
그가 나를 데리고 전 문에 이르시니 전의 전면이 동을 향하였는데 그 문지방 밑에서 물이 나와서 동으로 흐르다가 전 우편 제단 남편으로 흘러내리더라.

에스겔 성전 문지방 밑에서 나오는 물은 에스겔 47장에 기록된 환상 속의 상징적인 물입니다. 이 물은 단순한 물리적 현상이 아닌, 하나님의 구원과 회복, 그리고 생명의 풍성함을 나타내는 중요한 상징으로 해석됩니다.

에스겔 성전 환상의 맥락

에스겔 선지자는 바벨론 포로기에 하나님의 영광이 떠난 예루살렘 성전의 환상을 보았습니다. 하지만 40장부터 시작되는 후반부 환상에서는 하나님의 영광이 다시 회복된 새로운 성전의 모습을 보여줍니다. 이 새로운 성전에서 흘러나오는 물은 하나님의 임재와 축복이 회복되었음을 상징합니다.

물의 상징적 의미

1. 생명의 근원
이 물은 사해와 같이 생명이 없는 곳을 되살리는 능력을 가졌습니다. 이는 하나님의 생명력이 흘러넘쳐 모든 것을 회복시키고 풍성하게 한다는 것을 의미합니다.

2. 정화와 치유
- 성전에서 흘러나오는 물은 죄와 부정함을 씻어내고 영혼을 치유하는 하나님의 은혜를 상징합니다.

3. 성령의 임재
신약성경에서 예수님은 이 물을 성령에 비유하셨습니다. 이는 성령의 임재를 통해 우리가 영적으로 새롭게 되고 풍성한 삶을 누릴 수 있음을 의미합니다.

4. 복음의 확장
물이 점점 불어나 강을 이루고 바다로 흘러가는 모습은 복음이 온 세상에 퍼져나가 모든 민족에게 구원을 가져다주는 것을 상징합니다.

주요 해석

1. 하나님의 회복과 축복

이 물은 하나님의 백성이 죄에서 회복되고 하나님의 풍성한 축복을 누리게 될 것을 예언합니다.

2. 예수 그리스도의 구원
신약성경에서는 예수 그리스도를 통해 흘러나오는 생수를 통해 영원한 생명을 얻을 수 있다고 해석합니다.

3. 성령의 역사
성령의 역사를 통해 우리가 영적으로 성장하고 하나님의 뜻을 이루어 나갈 수 있음을 나타냅니다.
에스겔서에서, 성전 문지방에서 흘러나오는 물은 단순한 물리적 현상을 넘어 하나님의 놀라운 구원 계획과 영원한 생명을 상징하는 깊은 의미를 담고 있습니다.

'생명의 샘'은 다양한 문화와 종교에서 영원한 생명, 치유, 정화의 상징으로 여겨지는 개념입니다. 성경, 신화, 문학 등 다양한 분야에서 나타나는 '생명의 샘'은 다음과 같은 의미를 내포합니다.

'생명의 샘'의 의미

1. 영원한 생명과 불멸
많은 신화와 전설에서 '생명의 샘'은 마시는 사람에게 영원한 젊음이나 불멸을 선사하는 신비한 힘을 가진 것으로 묘사됩니다. 이는 인간의 근원적인 갈망인 영원한 삶에 대한 염원을 반영합니다.

2. 치유와 정화
'생명의 샘'은 육체적 질병뿐만 아니라 정신적 고통까지 치유하는 능력을 가진 것으로 여겨집니다. 이는 인간의 죄와 상처를 씻어내고 새로운 삶을 시작하게 하는 정화의 의미를 담고 있습니다.

3. 풍요와 번영
'생명의 샘'은 메마른 땅을 적셔 풍요로운 결실을 맺게 하는 생명의 근원으로 상징됩니다. 이는 물질적 풍요뿐만 아니라 정신적 풍요와 번영을 의미합니다.

4. 영적인 깨달음과 구원
종교적인 관점에서 '생명의 샘'은 신의 은총과 영적인 깨달음을 상징합니다. 이는 인간이 죄와 고통에서 벗어나 영원한 구원을 얻는 길을 의미합니다.

성경에서의 생명의 샘

1. 에스겔 47장
에스겔 성전 환상에서 성전 문지방 밑에서 흘러나오는 물은 사해를 되살리는 생명력을 가진 것으로 묘사됩니다. 이는 하나님의 구원과 회복을 상징합니다.

2. 요한계시록 22장

새 예루살렘에서 하나님의 보좌로부터 흘러나오는 생명수의 강은 영원한 생명을 상징합니다.

3. 요한복음 4장

예수님은 사마리아 여인에게 "내가 주는 물을 마시는 자는 영원히 목마르지 아니하리니 내가 주는 물은 그 속에서 영생하도록 솟아나는 샘물이 되리라"라고 말씀하십니다.

'생명의 샘'은 인간의 근원적인 갈망과 염원을 담고 있는 강력한 상징입니다. 이는 우리에게 영원한 생명, 치유, 풍요, 그리고 영적인 깨달음에 대한 희망을 제시합니다.

성도의 권세

단 12:7,
내가 들은즉 그 세마포 옷을 입고 강물 위에 있는 자가 그 좌우 손을 들어 하늘을 향하여 영생하시는 자를 가리켜 맹세하여 가로되 반드시 한때 두 때 반 때를 지나서 성도의 권세가 다 깨어지기까지니 그렇게 되면 이 모든 일이 다 끝나리라 하더라.

요 1:12/"영접하는 자 곧 그 이름을 믿는 자들에게는 하나님의 자녀가 되는 권세를 주셨으니."

하나님의 자녀인 성도들의 말에는 성령의 역사로 인하여
권세가 있음을 확신하라.
하나님은 참 좋으신 우리 아버지이십니다.
우리를 지으실 때에 지혜로운 마음과 생각과 언어를 주시어
우리의 기도를 통하여
하나님과 거룩한 교제를 온전히 이루게 하셨으며
하나님께서 주신 좋은 마음과 좋은 생각을 갖고
좋은 말을 통하여 사람들의 관계 속에서
사랑하며 행복한 삶을 살게 하셨습니다.

하나님과 함께 하는 영적인 삶 속에서
우리는 하나님께 큰 기대를 품어야 합니다.
사람이 전지전능하신 하나님과 대화(기도)를
할 수 있다는 것이 놀랍고
큰 영광스러운 일이기 때문입니다
시 19:14/"나의 반석이시요 나의 구속자이신 여호와여 내 입의 말과 마음의 묵상이 주님 앞에 열납되기를 원하나이다."

욥은 이런 하나님을 믿고 의지하고 살았습니다
욥 42:2/"주께서는 무소불능하시오며 무슨 경영이든지 못 이루실 것이 없는 줄 아오니…"

이런 전능하신 하나님과 언제 어디서나
담대히 대화할 수 있는 하나님의 자녀가 되었으니
이 얼마나 어마어마한 특권이요 복입니까?
하나님을 간절히 기대하면
측량할 수 없는 은혜가 찾아옵니다.
요 14:13/"너희가 내 이름으로 무엇을 구하든지 내가 행하리니 이는 아버지로 하여금 아들로 말미암아 영광을 받으시게 하려 함이라 내 이름으로 무엇이든지 내게 구하면 내가 행하리라."

하나님의 영광을 위하여 값진 삶을 기대하고
나를 통하여 이루실 하나님의 큰 뜻과
하나님께서 주실 멋진 미래를 설계하며

이루며 나아갈지라.
주 안에서의 긍정적인 말은
상상할 수 없는 기적을 만듭니다.
그러므로 우리는 자신을 나의 말로서 사랑해야 합니다.
내가 남보다 다르다고 고민하지 말고
전능하신 하나님께서 나를 지금 이 모습 이대로 만들어주셨음을
항상 감사해야 합니다.

우리가 예수를 구주로 믿고 마음에 영접하였음으로 하나님의 자녀가 되는 권세를 주셨습니다.
요 1:12-13/"영접하는 자 곧 그 이름을 믿는 자들에게는 하나님의 자녀가 되는 권세를 주셨으니 이는 혈통으로나 육정으로나 사람의 뜻으로 나지 아니하고 오직 하나님께로 난 자들이니라."

주님께서는 제자들에게 복음 사역을 위하여
세 가지 말의 능력과 권세를 주셨습니다.
마 10:1/"예수께서 그 열두 제자를 부르사 더러운 귀신을 쫓아내며 모든 병과, 모든 약한 것을, 고치는 권능을 주시니라."

주님께서는 성령의 역사로 나에게도 이 세 가지
권능을 주셨음을 믿으라!

세 가지 말의 능력과 권세

1. 더러운 귀신
(사탄, 마귀, 어두움의 영)을 쫓아내는 권세를 주셨습니다.
우리는 자신과 타인을 위해서
이렇게 말로 명령하는 기도를 해야 합니다.
나사렛 예수의 이름으로 명하노니
[근심, 걱정, 두려움, 고통, 가난, 음욕을 갖게 하는
어두움의 세력인 사탄아(사단 마귀, 귀신아)
(사.마.귀)는 내게서 떠나가라!]
수시로 힘차게 명령하라.

[너 사탄 마귀 귀신아, 나사렛 예수의
이름 권세로 묶임을 받아 내게서 떠나
저 무저갱으로 들어갈지어다]하고 믿음을 갖고
수시로 반복하여 명령해보라.
그리하면 어두움의 영은 떠나가고
내 믿음의 말 그대로 되어 마음이 평안하여질 것이며
삶 속에 주님의 은총의 문이 활짝 열려질 것이라

2. 약한 자를 회복시키는 말의 능력
말씀을 통하여
약한 자,
불안한 자,
두려워하는 자,

근심 걱정하는 자를 위하여
위로하며 격려하며 기도하여 줌으로
새 힘을 얻게 하는 권세를 주셨습니다.

3, 병든 자를 고치는 능력의 말의 권세
[나사렛 예수의 이름 권세]
행 3:6-8/"베드로가 이르되 은과 금은 내게 없거니와 내게 있는 이것을 네게 주노니 [나사렛 예수그리스도의 이름으로] 일어나 걸으라 하고 오른손을 잡아 일으키니 발과 발목이 곧 힘을 얻고 뛰어 서서 걸으며 그들과 함께 성전으로 들어가면서 걷기도 하고 뛰기도 하며 하나님을 찬송하니."

우리도 나사렛 예수의 이름으로 믿음을 갖고 크게 외쳐 보라
이 악한 병마야, 예수의 이름으로 명하노니
[이 사람에게서, 떠나가라!]
[나에게서, 떠나가라!]
해 보라.
믿음을 갖고 명령하면 네 믿음대로 되리라.
민 14:28/"여호와의 말씀에 나의 삶을 가리켜 맹세하노라 너희 말이 내 귀에 들린 대로 시행하리라."

태산 같은 문제 앞에서도 예수의 이름으로
크게 담대하게 선포하라
[이 병마야,
이 코로나바이러스야,
이 고통아,

이 가난아,
이 시험아,
이 불안아,
이 두려움아,
예수의 이름으로 명하노니 내게서 떠나가라]
평안함이 올 때까지 계속하여 선포하라!

[아버지여! 나의 말에 나의 기도를 항상 들으심을 감사합니다.]
[이제부터 항상 남을 축복하는 말을 하겠습니다]
원수에게 에워싸임을 받을 때에도
[주는 나를 위해 원수와 싸워 주시리라]하라.
[주께서 나의 돕는 자시니 내가 누구를
무서워 하리요]라고 담대하게 선포하라!

내가 범죄함으로 괴로울 때에,
"주여! 나의 죄와 허물을 용서하여 주소서."
나의 죄를 낱낱이 고백하여 회개하라!
그리하면 주께서 용서하시고 보혈로 흰 눈같이
깨끗하게 씻어 주시리라.
요일 1:9/"만일 우리가 우리 죄를 자백하면 그는 미쁘시고 의로우사 우리 죄를 사하시며, 우리를 모든 불의에서 깨끗하게 하실 것이요."

주 안에서 행복하기로 결심하자.
[나는 하나님으로 인하여 행복하다]

[나는 행복자로다]
[나는 축복의 통로가 되리라]
[나는 부요함을 입어 나누어 주는 자가 되리라]
라고 선포하라 그리하면 그대로 되리라

말에 진실하고 행동도 진실 하자
[모든 영역에서 진실 하자]
[좁고 협착하더라도 좁은 길로 가자]
[오직 모든 일에 주의 영광을 위해 선택하자]
"네 믿음대로 될지어다."
"네 말대로 될지어다."
예수님 권세! 예수님 권세! 예수님 권세! 내 권세!!
내 말에 권세가 있음을 날마다 순간마다
경험하며 간증하며 확신 속에 승리하며 살자.

이 믿음과 이 말의 권세로 자신과 가족과 교회와
매일 매일의 삶 속에서 성령의 능력으로
놀랍게 변화된 행복한 삶을 영위하시기를
예수의 이름으로 사랑하며 축복합니다.

백기호목사가전하는

지혜의 샘

신약 메시지

내 아버지의 뜻대로

마 7:21.
나더러 주여 주여 하는 자마다 다 천국에 들어갈 것이 아니요 다만 하늘에 계신 내 아버지의 뜻대로 행하는 자라야 들어가리라.

'내 아버지의 뜻'이라는 말씀은 성경에서 여러 번 등장하며, 문맥에 따라 조금씩 강조점이 다를 수 있습니다. 하지만 핵심적인 의미는 하나님의 뜻을 가리키며, 예수 그리스도의 가르침 속에서 중요한 주제로 나타납니다.
주로 복음서에서 예수님은 '내 아버지의 뜻은'이라고 말씀하시며 다음과 같은 내용을 강조하셨습니다.

내 아버지의 뜻

1. 믿는 자마다 영생을 얻는 것

요 6:40/"내 아버지의 뜻은 아들을 보고 믿는 자마다 영생을 얻는 이것이니 마지막 날에 내가 이를 다시 살리리라 하시니라."

이는 하나님의 가장 중요한 뜻 중 하나로, 예수 그리스도를 믿음으로써 영원한 생명을 얻는 것을 의미합니다. 하나님은 모든 사람이 구원받고 영생을 얻기를 원하십니다.

2. 하나님의 뜻대로 행하는 자가 천국에 들어가는 것

마 7:21/"나더러 주여 주여 하는 자마다 다 천국에 들어갈 것이 아니요 다만 하늘에 계신 내 아버지의 뜻대로 행하는 자라야 들어가리라."

단순히 입으로만 주님을 부르는 것이 아니라, 실제로 하나님의 뜻을 따라 살아가는 것이 중요함을 강조합니다.

3. 모든 사람이 구원을 받는 것

딤전 2:4, 벧후 3:9 등
직접적인 예수님의 말씀은 아니지만, 성경 전체의 맥락에서 하나님의 뜻은 모든 사람이 죄에서 구원받고 진리에 이르기를 바라는 마음으로 나타납니다.

4. 서로 사랑하는 것

요 13:34-35, 요 15:12, 17 등
예수님은 제자들에게 서로 사랑하라고 새로운 계명을 주시며, 이것이 하나님의 뜻임을 간접적으로 드러내셨습니다.

5. 거룩하게 되는 것

살전 4:3
- 바울의 서신에서 나타나는 내용이지만, 하나님의 뜻은 우리가 죄를

멀리하고 거룩한 삶을 살아가는 것입니다.

결론적으로, '내 아버지의 뜻은'이라는 말씀은 하나님의 사랑과 구원의 계획을 담고 있으며,
우리가 예수 그리스도를 믿고 그 뜻대로 살아감으로써
영생을 얻고 하나님 나라에 들어가기를
바라시는 하나님의 마음을 보여줍니다.

석유 재벌 록펠러는 독실한 기독교 신자로 어머니의 기도 덕분에
최고의 성공을 거두었다고 알려져 있습니다.
그러나 사실 그는 당대 최고의 부자가 되기까지
온갖 불법과 탈법을 자행했습니다.
노조를 악이라 규정하고,
독점 구조를 만들어 시장 질서를 교란시켰으며,
심지어 경쟁업체를 망하게 해 사주가 자살하는 상황도 생겼습니다.

그럼에도 그는 이런 일들에 대하여
"하나님과 나와의 관계에서 전혀 문제 되지 않는다."며 뻔뻔하게 말했습니다. 그러한 그를 향해서 루즈벨트 대통령이 일갈했습니다.
"그 부를 가지고 얼마나 많은 선행을 하든지 간에,
그 부를 쌓으며 저지른 악행을 보상할 수는 없다."
아무리 십일조와 기부를 많이 했다 해도
그가 보여 준 모습은 하나님 앞에서

옳지 못한 일들이었습니다.

영국의 존 해리스 선교사는 1898년 복음을 전하기 위해
아프리카 콩고로 갔습니다.
당시 콩고를 지배하던 벨기에 사람들은
고무 농장을 운영했었는데, 원주민에게
할당량을 정해 주고서 그것을 채우지 못하면 매질을 하고,
심지어 손목을 자르기도 했습니다.
할당량을 채우지 못한 원주민들은 극심한
공포 속에서 떨다가, 다른 부족을 습격하여
남의 손목을 대신 내는 일까지 벌였습니다.
그러다 보니 콩고 전역에 손목을 잘린
사람들이 많아졌습니다.

이것은 야만적인 행위일 뿐 아니라
하나님의 뜻이 아님이 분명했습니다.
해리스는 이들의 참상을 사진으로 찍어
유럽에 알렸습니다. 사진을 본 유럽 사람들은 경악했고
곧바로 자성하는 분위기가 일어,
벨기에는 콩고에서의 고무 산업을 포기하게
되었습니다. 그리고 이런 생각들이 점점 확산되어 결국 노예 해방의
역사가 이루어졌습니다.

해리스는 교회 건물을 크게 세우거나
세례자를 많이 배출하지는 못했지만,
그를 통해서 하나님의 뜻하신 바가 분명 이루어졌습니다.

우리 교회에 록펠러 같은 성도가 있다면, 당장에 교회를 크게
성장시킬 수는 있을 것입니다. 그러나 하나님의 역사는
헤리스 선교사처럼 하나님의 뜻을
정직하게 실천하는 사람들을 통해 이루어집니다.

'몇 명을 전도했다, 얼마를 헌신했다'와 같이
수치로 환산되는 신앙에 만족하기보다는,
다른 이들에게 선한 영향을 미치고 하나님의 뜻을 오늘 이곳에서 실
현하는 그런 신앙인이 되기를 소망합니다.

사랑의 하나님! 내가 하고 싶은 것,
사람들이 원하는 일이 아니라
주님께서 기뻐하시고 바라시는 일들을
잘 분별하여 실천하게 하옵소서.
그래서 겉치레의 신앙이 아니라
바른 신앙인으로서 이웃과 후대에
선한 영향을 미치는 삶이 되게 하옵소서.

바람과 바다를 꾸짖으신대

마 8:26,
예수께서 이르시되 어찌하여 무서워하느냐 믿음이 적은 자들아 하시고 곧 일어나사 바람과 바다를 꾸짖으신대 아주 잔잔하게 되거늘.

    1. 이 세상에 근심된 일이 많고 참 평안을 몰랐구나
    내 주 예수 날 오라 부르시니 곧 평안히 쉬리로다

    2. 이 세상에 곤고한 일이 많고 참 쉬는 날 없었구나
    내 주 예수 날 사랑하시오니 곧 평안히 쉬리로다
    주 예수의 구원의 은혜로다 참 기쁘고 즐겁구나
    그 은혜를 영원히 누리겠네 곧 평안히 쉬리로다

이 세상은 요란하나.. 바다에 파도가 밤과 낮
쉬임없이 넘실거리고 있었지만 이제는
성난 파도가 일어나고 광풍과 폭풍이 불어와
요동치고 있는 시대라.
이 세상도 인생들의 허기지고 버겁고 힘든 삶 속에
밤과 낮 쉼없이 염려, 근심, 걱정, 괴로움,
고통이 끊임이 없고 불신과 미움과 싸움으로

불안과 두려움과 공포 속에 마음과 생각이 사로잡혀 있고 세상 권력
을 가진 어두움의 악한 영,
유혹의 거짓영이 음란과 퇴폐와 부정과 불의와
이념 싸움과 전쟁으로 죽음과 멸망을 몰고 와

소돔과 고모라보다 더 음란하여 동성애가 성행하고
불의와 불법의 죄악이 극에 달하여
하나님의 불과 유황의 심판을 자초하는
마지막 시대가 되었음이라.

사랑하는 성도여, 우리가 영원히 거할 하나님 아버지의 나라는
썩을 대로 썩었고 부패할 대로 부패하여
정상적인 마음과 생각이 파괴되어 불로 심판받을 이 세상이 아니요.
하나님 아버지와 우리 주 예수님과 함께 영원히
영광 중에 영생하는 영광스런 하늘나라가 있음이라.

그곳은 무엇을 먹을까 무엇을 마실까
무엇을 입을까 무엇을 하고 살아야 할까
염려와 근심과 걱정과 두려움과 고통도 없고
가난도 실패도 슬픔도 질병도 억울함도 늙음도
싸움도 죽음도 없는 곳이요 하나님 보좌 앞에서
네 생물들과 24 장로들과 흰옷 입은 하나님의 자녀들과
천군 천사들이 다 함께 모여

영광과 존귀와 거룩함을 찬송하며 감사하며 기쁨으로
영광스럽게 경배드리는 곳이요

평안함 속에 서로 사랑함으로 기쁨과 즐거움만 넘치는
하나님 아버지의 집이 있음이라
이 소망을 가진 자마다 주님의 마음을 본받아
더욱 겸손하고 온유하며 착함과 의로움과
진실한 마음과 의롭고 경건한 삶을 살고
주님의 순결한 신부로서 주님의 재림의 날을
간절히 사모하며 간절히 기다리며
기름과 등불을 잘 준비하며 순종의 아름다움으로 단장하며 오직 말씀 안에서 믿음으로 승리하며 영혼 구원을 위해 죽도록 충성하며 살지라.

이제 주님 오실 날이 그리 멀지 않았습니다.
주님이 오시는 발자국 소리가 들려오고
천사의 나팔소리가 우렁차게 들려오는 때라
마 24:13, 그러나 끝까지 견디는 자는 구원을 얻으리라.

이 험악한 세상에서 주님이 주신 참 평안을 얻으라!

깨달아 알라

마 15:16,
예수께서 가라사대 너희도 아직까지 깨달음이 없느냐.

> 배고프면 깨닫는다. '한 끼의 소중함을'
> 목이 마르면 알게 된다. '한 모금의 감사함을'
> 코가 막히면 느낀다. '자유로운 숨의 기쁨을'
> 일이 없으면 생각한다. '바쁜 하루가 선물임을'
> 아프면 깨닫는다. '건강이 가장 큰 행복임을'
> 잃고 나서야 안다. '곁에 있을 때가 축복임을'
> 이별 후에 비로소 느낀다. '그 사람이 얼마나 소중했는지를'
> 시간이 지나면 깨닫는다. '힘든 순간도 아름다운 기억이 된다는 걸'
> 불행하다고 느낄 때 알게 된다. '작은 기쁨이 곧 행복이라는 걸'
> 마지막 순간이 오면 비로소 이해한다. '이 세상의 주인공은 바로 나라는 걸' (김홍신 글)

이 세상의 주인공은 나~~~나의 존재가치가 얼마나
하는지 그대는 아는가? 계산을 해보았는가?

이 세상에서 가장 존귀한 자로 창조되었음을 감동
감격, 감사하는 마음으로 오늘 이 하루도 살아가고 있는가?

렘 9:24, "자랑하는 자는 이것으로 자랑할지니 곧 명철하여 나를 아는 것과 나 여호와는 인애와 공평과 정직을 땅에 행하는 자인 줄 깨닫는 것이라 나는 이 일을 기뻐하노라 여호와의 말이니라."

깨닫는 것이 은혜입니다.
깨닫는 것이 축복입니다.
고전 13:11-내가 어렸을 때에는 말하는 것이 어린 아이와 같고 깨닫는 것이 어린 아이와 같고 생각하는 것이 어린 아이와 같다가 장성한 사람이 되어서는 어린 아이의 일을 버렸노라.

깨닫는 것은 단순히 지식을 습득하는 것을 넘어, 스스로 이해하고 통찰하는 과정을 의미합니다. 이는 피상적인 정보 습득과는 달리, 깊이 있는 사고와 경험을 통해 얻어지는 주관적인 인식의 변화입니다.

깨닫는 것의 중요성

1. 자기이해 증진
자신에 대한 깊은 이해는 감정, 생각, 행동의 패턴을 파악하고 강점과 약점을 인지하는 데 도움을 줍니다. 이는 더 나은 자기 관리와 긍정적인 자아 개념 형성에 기여합니다.

2. 성장과 발전
깨달음은 기존의 사고방식이나 행동 양식의 한계를 인식하고 새로운 관점을 받아들이도록 이끌어 개인적인 성장과 발전을 촉진합니다.

3. 문제해결 능력 향상

상황을 깊이 이해하고 본질을 꿰뚫어 보는 능력은 효과적인 문제 해결의 첫걸음입니다. 깨달음은 문제의 다양한 측면을 고려하고 창의적인 해결책을 모색하는 데 도움을 줍니다.

4. 공감능력 향상

타인의 감정과 입장을 이해하는 것은 원활한 소통과 긍정적인 관계 형성에 필수적입니다. 깨달음은 자신의 경험을 바탕으로 타인의 상황을 더 깊이 이해하도록 돕습니다.

5. 더 나은 의사 결정

피상적인 정보가 아닌, 깊이 있는 이해를 바탕으로 내리는 결정은 더 신중하고 후회 없는 선택으로 이어질 가능성이 높습니다.

6. 삶의 의미 발견

자신과 세상에 대한 깊은 성찰을 통해 삶의 가치와 의미를 발견하고 주체적인 삶을 살아갈 수 있도록 이끌어줍니다.

깨달음을 얻는 방법

1. 자기성찰

자신의 생각, 감정, 행동을 주의 깊게 관찰하고 그 이유와 결과를 되돌아보는 시간을 갖는 것이 중요합니다.

2. 경험으로부터 배우기

성공과 실패 모두 소중한 배움의 기회입니다. 경험을 통해 얻은 교훈을 분석하고 내면화하는 과정이 깨달음으로 이어집니다.

3. 다양한 관점 접하기

책, 강연, 토론, 여행, 타인과의 대화 등을 통해 다양한 관점을 접하고 자신의 생각을 확장하는 것이 중요합니다.

4. 질문하고 탐구하기

당연하게 여기던 것들에 대해 끊임없이 질문하고 탐구하는 과정에서 새로운 깨달음을 얻을 수 있습니다.

5. 마음 챙김

현재에 집중하고 자신의 내면에서 일어나는 감각, 생각, 감정을 있는 그대로 알아차리는 연습은 깊은 통찰력을 가져다줄 수 있습니다.

결국 깨닫는 것은 능동적인 사고와 경험을 통해 얻어지는 삶의 지혜이며, 더 풍요롭고 의미 있는 삶을 살아가는 데 중요한 역할을 합니다.

시 49:20/"존귀에 처하나 깨닫지 못하는 사람은 멸망하는 짐승 같도다."

자녀의 권세를 받은 자

요 1:12~13.
12. 영접하는 자 곧 그 이름을 믿는 자들에게는 [하나님의 자녀가 되는 권세]를 주셨으니
13. 이는 혈통으로나 육정으로나 사람의 뜻으로 나지 아니하고 오직 [하나님께로 난 자들]이니라.

의롭다 인정함을 받아 새 사람으로 거듭난 사람은
이제는 아비 마귀의 자식에서 벗어나
하나님의 거룩한 자녀로서, 하나님의 가족의 일원으로 편입됩니다.
우리는 예수 안에서 인하여 하나님의 자녀가 되었습니다.
이를 성경에서 양자, 후사(유업을 이을 자), 상속자 라고 하였습니다.

지금까지의 부르심, 중생, 회심(회개), 믿음, 칭의는
하나님의 가족이 되는 전입의 자격입니다.
그러나 양자(후사 = 상속자)는 하나님의 자녀로
천국 시민으로서 실제로 전입되어 완전한 하나님의 자녀로서
주님과 함께 영광과 특권을 누리는 복입니다.
이와 같이 하나님의 가족(권속) 중에

입적된 우리는 현세에서도 하나님의 자녀의
권세를 누릴 뿐 아니라

내세에서도 하나님의 자녀들로서 천군 천사의 수종을 받으며
주님과 함께 영원한 영광을 누리게 됩니다.
하나님은 이제 우리에게, 아버지 하나님이 되셨으니
아빠, 아버지라 부르는 부자지간의 온정이 통하게 된다.
요일 3:1/"보라 아버지께서 어떠한 사랑을 우리에게 주사 하나님의 자녀라 일
컬음을 얻게 하셨는고."

이제, 우리는 하나님의 자녀요 하나님의 권속이요
성도들과 동일한 시민입니다.
엡 2:18-19/"이는 저(예수)로 말미암아 우리 둘이(유대인과 이방인으로 예수 믿
는 자) 한 성령 안에서 아버지께 나아감을 얻게 하려 하심이라 그러므로 이제부
터 너희가 외인도 아니요 손도 아니요 오직 성도들과 동일한 시민이요 하나님의
권속이라."

그런데, 하나님의 자녀로 사는 일이 결코 쉽지 않습니다.

예배, (주일성수=수요일 밤= 새벽), 기도, 찬송, 헌금, 선행,
주님의 성품, 사랑, 섬김의 삶,
세상 낙을 멀리하는 일, 하나님을 기쁘시게 하는 삶, 등

이제는 사망에서 생명으로 옮겨진 구원받은 하나님의 자녀요,
천국의 시민권을 받은 자로서 합당한 삶을 살아야 한다는 사실을

깊이 명심하고, 언제 어디서에나 무엇을 하든지 잊지 말아야 합니다.

[부르심, 중생, 회개, 믿음, 칭의, 양자]
여기까지는 우리가 예수를 영접 (믿을 때)할 때에
단회적으로 단번에 허락하신 하나님의 놀라운 은총입니다.
그러므로 여기까지를
하나님의 자녀로 입적되면서 얻는 특권으로
[초기적. 출생적, 과거적 구원] 이라 합니다.

당신은 지금, 마음에 예수를 영접하였음으로
하나님의 자녀가 되는 권세를 받았고
양자의 영을 받아 하나님을 아빠 아버지라 부를 수 있고
천국을 기업으로 허락받은
상속자의 특권을 받았음을 확신하는가?

당신은 지금, 하나님을 아빠, 아버지라
부를 수 있는 양자의 특권과 기업과
영광을 누리고 있는가?

당신은 지금, 하나님 아버지의 사랑과 보호와 축복을 받으며
또한 관심과 간섭하신 은혜 안에 있음을 확신하는가?

지금 외쳐보라.

나는 예수 그리스도로 말미암아
거룩하신 하나님의 자녀가 되었도다! 아멘.
나는 예수님 안에서 하나님의 자녀가 되었고
하늘나라를 유업으로 받을 하나님의 상속자가 되었도다.
나의 나 된 것은 오직 하나님의 은혜로다.

말씀이 육신이 되신 예수

요 1:14,
말씀이 육신이 되어 우리 가운데 거하시매 우리가 그의 영광을 보니 아버지의
독생자의 영광이요 은혜와 진리가 충만하더라.

이는 곧 하나님이 사람 되심입니다.

살아 역사하시는 하나님의 능력의 말씀,
말씀으로 우주를 창조하신 능력의 말씀,
그 말씀이 육신이 되어 이 땅에 오신
예수 그리스도이십니다.

하나님의 말씀은 우리를 사랑하신 하나님이
독생자를 세상에 보내시어 우리를 멸망하지 않게 하시고,
구원하여 영생을 얻게 하신 사랑을 믿음으로 알게 하신다.
요 3:16/"하나님이 세상을 이처럼 사랑하사 독생자를 주셨으니 이는 그를 믿는
자마다 멸망하지 않고 영생을 얻게 하려 하심이라."

하나님의 말씀은 하나님께서 우리에게 주신

살아 역사하시는 생명의 말씀입니다

하나님은 말씀으로 천지만물을 창조하셨습니다.

하나님은 말씀을 통해 세상의 모든 일들을

자기 뜻대로 이루셨으며 또한 지금도 이루어 가십니다

하나님의 말씀은 인간의 마음의 생각과 뜻을 감찰하신다
히 4:12-13/"하나님의 말씀은 살았고 운동력이 있어 좌우에 날 선 어떤 검보다도 예리하여 혼과 영과 및 관절과 골수를 찔러 쪼개기까지 하며 또 마음의 생각과 뜻을 감찰하시나니 지으신 것이 하나라도 그 앞에 나타나지 않음이 없고 오직 만물이 우리를 사랑하시는 자의 눈 앞에 벌거벗은 것 같이 드러나느니라."

성경 말씀에 구원에 이르는 지혜가 있다.
딤후 3:15/"네가 어려서부터 성경을 알았나니 성경은 너로 하여금 그리스도 예수 안에 있는 믿음으로 말미암아 구원에 이르는 지혜가 있게 하느니라."

성경은 하나님의 성령의 감동으로 선지자들과 사도들을 통하여 기록된 책으로 인생의 삶의 필수 교본이다
히 1:1-2/"옛적에 선지자들로 여러 부분과 여러 모양으로 우리 조상들에게 말씀하신 하나님이 이 모든 날 마지막에 아들로 우리에게 말씀하셨으니 이 아들을 만유의 후사로 세우시고 또 저로 말미암아 모든 세계를 지으셨느니라."

성경은 일점일획이라도 빠짐이 없는 가장 완전한 말씀 이 말씀을 통해서 새롭게 된다.
딤후 3:16-17/"모든 성경은 하나님의 감동으로 된 것으로 교훈과 책망과 바르게 함과 의로 교육하기에 유익하니 이는 하나님의 사람으로 온전하게 하며 모든 선한 일을 행하기에 온전하게 하려 함이니라."

하나님의 말씀은 살았고 운동력이 있어

우주와 세계와 나라와 정사를 주관하시고

사람의 뜻과 마음과 생각을 다스리시며

성령께서 지혜와 계시의 정신을 부어주심으로

성도의 마음의 눈을 밝혀 주시어 전지전능하신 창조주 하나님의 영광과 능력과 사랑을 알게 하며

하나님의 독생자 예수 그리스도의 십자가의 보혈의 능력으로

구속의 은혜를 깨닫게 하며

성령의 역사로 새사람으로 거듭나게 하시며

회개하게 하여 성결하게 하시고 믿음으로

구원에 이르는 지혜를 갖게 하며 그리스도 안에서

성도들이 장차 천국에서 우리 주 예수님과 함께 누릴

영광의 풍성함을 알게 하며

우리가 천국에 이르도록 성령의 인도하심과

능력으로 보호하심을

영의 눈으로 보고 알게 하신다.

시 119:105, 주의 말씀은 내 발의 등이요 내 길에 빛이니이다.

말씀을 지키는 자의 복

시 119:165-166/"주의 법을 사랑하는 자에게는 큰 평안이 있으니 그들에게 장애물이 없으리이다 여호와여 내가 주의 구원을 바라며 주의 계명들을 행하였나이다."

하나님의 말씀은 인생의 어떤 극한 어려운 상황과 조건 속에서도

새롭게 회복시키시는 놀라운 능력이 있으며
말씀으로 자기 뜻을 다 이루시는 하나님께서
우리에게 베푸시는 그 크신 은혜를 인하여 하나님의 사람으로
온전하게 하며 모든 선한 일을 행하기에
온전하게 하며 선악 간에 최후 심판이 있음을 알게 하므로
성도는 날마다 말씀을 마음에 묵상하며 말씀을 따라 순종하며
아름답게 충성하므로 그리스도인의 삶을 살며
생명의 복음을 전하며 신령과 진리로
예배드리며 감사와 찬송과 영광을 돌리며 살게 됨이라.

말씀은 무엇에나 매이지 않으며 또한 못 이루실 것이 없다 말씀은 곧 하나님의 능력이다.
눅 1:37/"대저 하나님의 모든 말씀은 능하지 못하심이 없느니라."

하나님의 말씀은 우리에게 믿음을 주시고
생명의 하나님을 만나게 하시고 우리 영혼을
새롭게 하시며 우리의 죄와 허물을 사해 주시고
육체의 질병을 고치시며 어두운 눈을 열어
보게 하시고 슬픈 마음에 기쁨을 주시며
불안한 자에게 평안을 주시고 낙심한 자에게
새 힘을 주시며 가난한 자에게 풍족함을 주시고
넘어진 자를 일으켜 세워 주시며
실패한 자에게 새길을 열어 주시고
사탄과 싸울 때 이길 힘을 주시며

기도하는 자에게 응답을 주시고
죽을 자에게 영생을 주시도다

말씀 따라 충성하며 승리한 자에게
모든 소원을 이루어 주시며 주 예수의 영광을 보며
그 영광을 함께 누리게 되기를 축복합니다.

사망에서 생명으로

요 5:24-내가 진실로 진실로 너희에게 이르노니 내 말을 듣고 또 나 보내신 이를 믿는 자는 영생을 얻고 심판에 이르지 아니하나니 사망에서 생명으로 옮겼느니라
25. 진실로 진실로 너희에게 이르노니 죽은 자들이 하나님의 아들의 음성을 들을 때가 오나니 곧 이 때라 듣는 자는 살아나리라
26. 아버지께서 자기 속에 생명이 있음 같이 아들에게도 생명을 주어 그 속에 있게 하셨고
27. 또 인자됨을 인하여 심판하는 권세를 주셨느니라
28. 이를 기이히 여기지 말라 무덤 속에 있는 자가 다 그의 음성을 들을 때가 오나니
29. 선한 일을 행한 자는 생명의 부활로 악한 일을 행한 자는 심판의 부활로 나오리라.

우리는 하나님의 독생자 예수 그리스도를
믿음으로 말미암아 속죄함을 받았고
구원을 받았고 영생을 얻었음이라.
영생을 얻은 자는 심판에 이르지 아니하고
사망에서 생명으로 옮겼음이라.

1. 영생의 정의

요 17:3/"영생은 곧 유일하신 참 하나님과 그의 보내신 자 예수 그리스도를 아는 것이니라."

2. 영생 얻기로 작정 된 자들
행 13:48/"이방인들이 듣고 기뻐하여 하나님의 말씀을 찬송하며 영생을 주시기로 작정 된 자는 다 믿더라."

3. 하나님의 은사
롬 6:23/"죄의 삯은 사망이요 하나님의 은사는 예수 우리 주 안에 있는 영생이니라

4. 영생을 주신 하나님
요일 5:11-13/"또 증거는 이것이니 하나님이 우리에게 영생을 주신 것과 이 생명이 그의 아들 안에 있는 그것이니라 아들이 있는 자에게는 생명이 있고 하나님의 아들이 없는 자에게는 생명이 없느니라 내가 하나님의 아들의 이름을 믿는 너희에게 이것을 쓴 것은 너희로 하여금 너희에게 영생이 있음을 알게 하려 함이라."

5. 예수는 참 하나님이요 영생이시라
요일 5:20/"또 아는 것은 하나님의 아들이 이르러 우리에게 지각을 주사 우리로 참된 자를 알게 하신 것과 또한 우리가 참된 자 곧 그의 아들 예수 그리스도 안에 있는 것이니 그는 참 하나님이시요 영생이시라."

6. 하늘에서 내려온 산 떡이신 예수
요 6:51/"나는 하늘로서 내려오는 떡이니 사람이 이 떡을 먹으면 영생하리라 나의 줄 떡은 곧 세상의 생명을 위한 내 살이로라 하시니라."

그대는 하나님의 아버지 사랑과
예수 그리스도의 속죄와 성령님의 인치심을 받아
영생을 얻었음을 확신하는가?
예수님으로 인하여 영생을 얻은 주의 거룩한 신부여,
다시 오실 영광의 주를 기쁨으로 맞이할
성령의 기름과 말씀의 등불을 날마다 순간마다 준비하며 살아가라.
우리에게 영생을 주신 하나님의 아버지의 사랑과
우리 주 예수 그리스도의 십자가와 부활의 복음을
온 마음과 정성을 다하여 충성되이 전하며 이루며
항상 소망 중에 기뻐하며 쉬지 말고 기도하고
범사에 감사하며 찬송할지라. 아멘.
주, 예수여! 속히 오시옵소서.-마라나타-

자유하리라

요 8:36,
그러므로 아들이 너희를 자유케 하면 너희가 참으로 자유 하리라.

참된 자유는 단순히 외부의 제약에서 벗어나는 것을 넘어, 내면의 깊은 곳에서부터 샘솟는 창조적인 힘과 연결되는 상태입니다. 마치 화가가 흰 도화지 앞에서 무한한 가능성을 마주하는 것처럼, 참된 자유는 우리 안의 잠재력을 마음껏 펼쳐낼 수 있도록 이끌어줍니다.

창의적인 관점에서 본 참된 자유의 모습

1. 스스로의 한계를 초월하는 자유
고정관념과 사회적 통념에서 벗어나, 자신만의 독창적인 방식으로 세상을 바라보고 해석하는 능력입니다. 이는 마치 작가가 새로운 장르를 개척하거나, 음악가가 전에 없던 새로운 선율을 만들어내는 것과 같습니다.

2. 끊임없이 질문하고 탐구하는 자유
호기심과 열린 마음으로 세상의 모든 것에 대해 질문하고, 답을 찾아나서는 과정 자체를 즐기는 것입니다. 이는 마치 과학자가 미지의 영역을 탐험하거나, 철학자가 삶의 본질을 파헤치는 것과 같습니다.

3. 실패를 두려워하지 않는 자유
완벽함에 대한 강박에서 벗어나, 실패를 통해 배우고 성장하는 것을 기꺼이 받아들이는 것입니다. 이는 마치 발명가가 수많은 시행착오 끝에 혁신적인 발명품을 만들어내는 것과 같습니다.

4. 나만의 방식으로 표현하는 자유
자기 생각과 감정을 예술, 글쓰기, 음악, 춤 등 다양한 방식을 통해 자유롭게 표현하고, 세상과 소통하는 것입니다. 이는 마치 화가가 그림을 통해 자신의 내면을 드러내거나, 배우가 연기를 통해 관객에게 감동을 선사하는 것과 같습니다.

5. 타인과 연결되고 공감하는 자유
자신의 자유를 존중하는 동시에, 타인의 자유 또한 존중하며, 서로의 다름을 인정하고 존중하는 것입니다. 이는 마치 오케스트라의 단원들이 각자의 악기를 연주하면서도 아름다운 하모니를 만들어내는 것과 같습니다.

갈 5:13/"형제들아 너희가 자유를 위하여 부르심을 입었으니 그러나 그 자유로 육체의 기회를 삼지 말고 오직 사랑으로 서로 종 노릇 하라."

하나님께서 예수 그리스도의 하나님 나라

복음으로 우리에게 주신 것은 죄로부터의 자유,
그리고 하나님의 자녀로서 누리는 자유입니다.
그리스도를 통해 우리에게 주어진 자유가
얼마나 귀한 것인지 안다면 이 자유를
자기의 정욕을 위해 함부로 낭비해서는 안 됩니다.

만일, 남은 삶이 한 달밖에 없다면 어떻게 시간을 보내겠습니까?
남은 시간을 불나방처럼 욕망을 채우는 일에
헛되이 보내는 사람은 어리석은 사람입니다.
생명과 시간의 가치를 조금이라도 안다면,
먼저 자신이 사랑하고 소중히 여기는 사람들을 만나
시간을 의미 있게 보낼 것입니다.
그리고 불화한 관계가 있다면 화해하려고 할 것입니다.

적어도 죽고 난 후에,
자기가 무가치한 사람이었다는 소리를 듣지 않기 위해
남은 시간 힘을 다해 선한 일을 하려 할 것입니다.
'자유로 육체의 기회를 삼지 말라'는 말씀은
은혜로 얻은 소중한 구원의 자유를 자기의
만족을 채우기 위해 낭비하지 말라는 의미입니다.
즉, 참된 그리스도인은 구원 이후 자기만을 위해 살지 않습니다.
하나님이 주신 자유가 너무나도 소중한 것을 알기 때문입니다.

예수님은 구약의 율법을 폐하신 것이 아니라
율법의 요구를 하나님 사랑과 이웃 사랑의 계명으로 가르치시고
삶의 모범으로 보여주심으로
온전하게 완성하셨습니다(마 22:37~40).

나의 이웃은 누구입니까? 나를 제외한 모든 사람입니다.
나와 친밀한 사람뿐 아니라,
나의 도움과 사랑이 필요한 주변의 모든 사람입니다.
복되고 기쁜 날 그들을 사랑하고 서로 섬기며 자유를 위한 부르심을
헛되게 하지 않는 인생이 되기를 간절히 소망합니다.

하나님! 예수 그리스도를 통해 우리에게
주신 복음의 자유를 육체의 욕망을 위해
헛되게 사용하지 않도록 도와주옵소서.
그 가치와 소중함을 깨달음으로써 오직
사랑으로 서로 종노릇하여 참된 자유를 누리는
믿음의 사람들이 되게 하옵소서
예수 그리스도의 이름으로 기도합니다. 아멘.

믿는 자는

요 11:25-26.
25. 예수께서 가라사대 나는 부활이요 생명이니 나를 믿는 자는 죽어도 살겠고
26. 무릇 살아서 나를 믿는 자는 영원히 죽지 아니하리니 이것을 네가 믿느냐

부활주일 이후, 성령강림을 사모하며 나아갑니다. 새 역사가 시작되리라 믿습니다.

"풀어지리라"

1) 주가 쓰시겠다 하라 매인 것이 즉시 풀어 주신다.(마 21:3) 라고 하신 주님 말씀을 받고 매인 곳에 가서 선포하시면 반드시 풀어지게 하십니다.

2) 주님의 이름을 기념하는 자(토단을 쌓고 번제와 화목제를 드리는 곳(출 20:24)에서 풀어 주십니다.

3) 하나님 여호와를 섬길 때(양식과 물, 병 날수, 원수, 불임과 낙태) 언

약으로 풀어주십니다.(출 23:25)

4) 말씀을 주시어 순종할 때 풀어주십니다.
  1. 깊은 곳에 그물을 던지라.
    (밤을 샌 빈 그물을 풀어주시었습니다)
  2. 사르밧 과부의 한 줌의 가루 통에 한병의 조금 남은 기름통이 풀어졌습니다.
    (남은 작은 떡으로 먼저 만들 때)
  3. 수가성 여인을 만남으로 이때가 영과 진리로 예배하는 때임을 말씀하시어 깨닫게 하시어 풀어주셨습니다.
    (물동이를 버리는)
  4. 가야바의 뜰에서 말씀이 생각난 베드로를 뜰 밖에서 통곡으로 풀어지게 하셨습니다.
    - 엠마오로 가는 두 제자가 말씀으로 마음을 뜨겁게 하시어, 예루살렘에 떠난 길 내려가는 길에서 올라가는 길로 풀어졌습니다.
  5. 주님의 말씀으로 주님께 나올 수 없었던 혈루증 여인이 구원의 갈망과 도전으로, 병의 근원을 풀어 주셨습니다.
    (주님의 옷자락으로)
  6. 바울과 실라의 한밤중 깊은 옥에서 기도하며 찬송할 때 매인 것을 모든 것을 풀어주셨습니다(행 16:26)
    - 무덤 문에 돌을 누가 굴러 주리요?! 죽으신 주님을 위해 사다 둔 향품을 포기하지 않고 가지고 매우 일찍이 예수님의 무덤

을 찾아나선 세 여인들의 고백이 풀어졌습니다.
(심히 큰돌이 벌써 굴러지고 죽음을 이기신 부활의 예수님을 보게 하셨습니다. 예수님을 찾는 자, 막 16:4~5)는 문제를 풀어지게 하십니다.

7. 인내와 위로의 하나님이 너희로 예수를 본받아 서로 뜻이 같게 하여 주사 한마음과 입으로 하나님 곧 우리 주 예수그리스도의 아버지께 영광을 돌리게 하시고 우리들이 오직 여호와께만 영광 돌리도록 풀어주셨습니다.(롬 15:6~7)

어둠을
사망을
고통과
고난을
질병을
기근을
가는 길을
영생을 빛으로 오시어 십자에서 풀어주시고
영생의 소망을 주신 부활의 주님을
날마다 생전에, 호흡이 있는 순간순간마다,
성령 하나님을 영과 마음으로 입을 넓게 열어
송축하며 전합니다. 아멘, 아멘.

끝까지 사랑하시니라

요 13:1,
유월절 전에 예수께서 자기가 세상을 떠나 아버지께로 돌아가실 때가 이른 줄 아시고 세상에 있는 자기 사람들을 사랑하시되 끝까지 사랑하시니라.

예수님의 사랑은 기독교 신앙의 핵심 가치이며, 다양한 측면에서 이해될 수 있습니다. 다음은 예수님의 사랑에 대한 몇 가지 주요 측면입니다.

1. 희생적인 사랑
예수님은 인류의 죄를 대신하여 십자가에 못 박혀 돌아가심으로써 자신의 생명을 내어주는 희생적인 사랑을 보여주셨습니다. 이는 인간이 이해하기 어려운 가장 큰 사랑의 표현으로 여겨집니다.
요 3:16에서는 "하나님이 세상을 이처럼 사랑하사 독생자를 주셨으니 이는 그를 믿는 자마다 멸망하지 않고 영생을 얻게 하려 하심이라"라고 말합니다.

2. 무조건적인 사랑
예수님은 죄인, 병자, 소외된 자 등 모든 사람을 차별 없이 사랑하셨습니다. 이는 사랑받을 자격이 없는 사람들에게까지 미치는 무조건적인 사랑을 의미합니다.

예수님은 원수까지 사랑하라고 가르치셨으며, 이는 인간의 한계를 뛰어넘는 사랑을 보여줍니다.

3. 섬김의 사랑

예수님은 제자들의 발을 씻어주는 등 스스로를 낮추어 다른 사람을 섬기는 사랑을 실천하셨습니다. 이는 권위와 지위를 내려놓고 타인을 존중하고 봉사하는 사랑을 의미합니다.

예수님은, "인자가 온 것은 섬김을 받으려 함이 아니라 도리어 섬기려 하고 자기 목숨을 많은 사람의 대속물로 주려 함이니라"(막 10:45)라고 말씀하셨습니다.

4. 용서의 사랑

예수님은 자신을 십자가에 못 박은 사람들까지 용서하셨습니다. 이는 인간의 죄와 허물을 너그럽게 용서하는 사랑을 의미합니다.

예수님은 베드로에게 일곱 번씩 일흔 번이라도 용서하라고 가르치셨으며, 이는 무한한 용서의 중요성을 강조합니다.

5. 치유와 회복의 사랑

예수님은 병자를 고치고 귀신을 쫓아내는 등 육체적, 정신적 고통을 겪는 사람들을 치유하셨습니다. 이는 인간의 상처를 어루만지고 회복시키는 사랑을 의미합니다.

예수님은 죄인을 용서하고 새로운 삶을 살도록 인도하셨으며, 이는 인간의 영혼을 회복시키는 사랑을 보여줍니다.

마 9:35/"예수께서 모든 성과 촌에 두루 다니사 저희 회당에서 가르치시며 천국 복음을 전파하시며 모든 병과 모든 약한 것을 고치시니라."

예수님의 사랑은 기독교 신앙의 근본이며, 신자들은 예수님의 사랑을 본받아 하나님과 이웃을 사랑하며 살아가기를 축복합니다.

예수 나의 친구

요 15:14,
너희는 내가 명하는 대로 행하면 곧 나의 친구라.

'예수 나의 친구'라는 표현은 예수님과의 관계를 나타내는 의미로 해석될 수 있습니다. 많은 기독교인은 예수님을 개인적인 친구이자 구세주로 여기며, 그와의 관계를 통해 위안과 지혜를 얻습니다. 예수님은 사랑과 인내, 용서의 상징으로 여겨지기도 합니다.

진정한 친구란 여러 가지 요소로 정의될 수 있습니다. 일반적으로 진정한 친구는 다음과 같은 특징을 갖고 있습니다.

진정한 친구를 확인하는 특징

1. 신뢰
서로의 비밀을 지키고, 언제나 믿을 수 있는 관계를 유지합니다.

2. 지지
어려운 상황에서 서로를 지지하고, 힘이 되어줍니다. 기쁠 때나 슬플 때나 함께해주는 친구입니다.

3. 이해와 수용
서로의 다름을 이해하고 존중하며, 있는 그대로의 모습을 받아들이는 친구입니다.

4. 소통
정직하고 개방적인 대화를 통해 서로의 감정을 나누고, 문제를 해결하려고 합니다.

5. 희생정신
필요할 때 자신을 희생하여 상대방을 도와주고자 하는 마음입니다.

6. 즐거운 순간을 공유
함께 시간을 보내고, 좋은 추억을 쌓는 것이 중요합니다.

진정한 친구는 우리가 힘들 때뿐만 아니라 행복할 때도 함께 기뻐할 수 있는 사람입니다. 그런 친구를 만나는 것은 삶에 큰 축복이라고 할 수 있습니다.

요 15:15/"이제부터는 너희를 종이라 하지 아니하리니 종은 주인이 하는 것을 알지 못함이라 너희를 친구라 하였노니 내가 내 아버지께 들은 것을 다 너희에게 알게 하였음이라."
밤과 낮으로 언제나 다정스럽게 찾아오신 나의 참 친구이신 예수님!
"나의 사랑하는 자야! 너는 나의 생명의 피 흘림으로
십자가의 고통 가운데서 내가 친히 낳은 나의 자녀요
나의 흘린 피로 한 몸 된 나의 영원한 친구란다.

너는 나의 생명의 피로 값 주고 산 자이기에
너를 내 생명처럼 지극히 사랑하므로
너의 순전한 마음의 방에 언제나 기쁨으로 찾아와서
너와 내가 함께 서로 얼굴을 마주 보아
따뜻한 마음으로 정겨운 대화를 나누고 싶어 왔노라.

너의 간절한 모든 소원을 들어주며 소망과 평안과 회복으로 큰 기쁨을 얻게 하여
네가 만족할 수 있도록 다 이루어 주기 위한
좋은 만남이 되기 위하여 나는 네 마음의 방에 언제나 기쁜 마음으로 찾아온단다.

너는 나의 친구이기에 아버지께서 내게 말씀하신
모든 신비한 비밀을 너로 다 알게 하리라
네가 나의 깊은 마음의 뜻을 알든지 모르든지
나의 사랑을 느끼지도 못한 그런 순간에도
나는 네 마음과 생각 속에 너의 삶의 현장에서
뿐만 아니라

너의 이 아기자기하고 소박하고 평화로운
너의 마음의 방에 와서
너와 관계된 친구들과 더불어 주고받는 정겨운 대화를 들으며
나의 성품을 닮아 온유하고 겸손과
착함과 의로움과 진실함의 아름다운
네 마음과 삶의 모습을 이렇게 자세히 지켜보며
내 마음이 심히 기뻐하며 대견스럽게 생각하고 있단다.

내가 나의 사랑하는 가련한 영혼들을 사랑하는 자
너에게 붙여주어 그들이 어려운 문제가 있어서
너에게 기도를 요청할 때 네가 그들을 위해
간절히 기도할 때 내가 네 기도를 듣고
그때마다 응답하여 그들에 기쁨을 주었으며
너로 하여금 그들을 말씀으로 위로하며
격려하며 새 힘을 얻도록 회복을 위한 기도하는
네 마음과 모습을 보며 나는 기뻐하고 있단다.

사랑하는 자야! 너는 나의 친구가 되었기에
너의 마음의 방에 영원히 함께 있으리라.

오, 주여! 주께서 나의 친구가 되시어
지금 내 방에 오셨나이까?
이처럼 부족하고 깨닫지도 못하고

한없이 연약하고 허물 된 나의 누추한 마음의 방에
이렇게 영광스럽게 임하여 오셨나이까?

오, 주 예수여!
심히 누추한 자의 방이지만
영원히 드셔서 좌정하사
언제나 단둘이 대화 할 수 있는
지극한 영광스러운 기회를 주시고
나를 사랑하시고 보호하시어
주의 바른길로 인도하시며
나의 실수와 잘못을
주의 사랑으로 용서해 주시고
주의 보혈로 성결하게 하옵소서

내가 눈물을 흘릴 때 그 눈물이 슬픔의 눈물인지 기쁨의 눈물인지를
아시며 나의 작은 신음 소리에도 친히 귀 기울여 들으시고
[내가 너와 함께 있노라] 하시고 새 힘을 주시며 위로해 주시는 나의
신실하신 참 좋으신 예수님!

주께서 나를 사랑하심처럼 나도 주를 사랑하며
신뢰하며 의지하나이다
"수고하고 무거운 짐 진 자들아 다 내게로 오라
내가 쉬게 하리라" 하신 온유하신 주의 음성 듣고

나의 영육의 무거운 삶의 짐을 주께 온전히 맡겨드립니다.
많은 사람이 주께서 나의 친구가 되시어
언제나 나의 방에 오셔서 나와 깊은 사랑의 대화를
나누는 모습을 보며 심히 부러워하는
영광을 얻게 하심을 마음 깊이 감사드립니다.

나의 친구이신 예수님을 큰소리로 외쳐
만민에게 자랑하며 영광과 존귀와 감사와
찬송을 올려드립니다. 나의 친구가 되신 예수님!
영원히 사랑하며 신뢰합니다.
우리 하나님의 자녀들은 예수 그리스도 안에서
모두 다 친구가 되었습니다
주의 사랑으로 사랑하며 축복합니다
나를 구원하신 예수님!
내 안에 살아계신 예수님!
나의 친구 되신 예수님!
나의 생명 다하여 영원히 사랑하렵니다.

내 안에 지금도 살아 역사하신 예수님!

갈 2:20/"내가 그리스도와 함께 십자가에 못 박혔나니 그런즉 이제는 내가 사는 것이 아니요 오직 내 안에 그리스도께서 사시는 것이라 이제 내가 육체 가운데 사는 것은 나를 사랑하사 나를 위하여 자기 자신을 버리신 하나님의 아들을 믿는 믿음 안에서 사는 것이라."

이제와 영원토록 내 안에 임재 하셔서
의의 길로 생명 길로 영광의 나라로 인도하옵소서.

사명

요 20:21,
예수께서 또 이르시되 너희에게 평강이 있을지어다 아버지께서 나를 보내신 것 같이 나도 너희를 보내노라.

한 해에 신학교를 졸업하고 하나님의 나라를 위하여 헌신을 다짐하는 수천 명의 사역자들이 세상을 향하여 자신의 생명을 드려 하나님의 나라를 세워가기를 다짐합니다. 바로 예수님의 제자들입니다.
그들은 어떻게 그 길을 가게 되었을까요? 무엇이 그들로 하여금 그런 삶을 살아갈 수 있게 한 것일까요?
사명자에게 물어보아야 합니다.

부활의 주님과의 만남은 기독교 신앙의 핵심적인 주제입니다. 예수 그리스도의 부활은 단순한 역사적 사건을 넘어, 신앙인들에게 영원한 생명과 새로운 희망을 상징합니다.

그들은 부활하신 예수님을 만났습니다.

죽음을 이기고 다시 살아나신 예수님을 만난 제자들은

그분이 정녕 하나님의 아들이심을 믿게 되었습니다. 그리고 자기들에게 하신 약속도 확신하게 되었습니다.
이와 같이 거듭남을 통하여 주 예수 그리스도를
인격적으로 만나야 합니다.

성경에는 예수님의 부활 후 다양한 사람들이 그분을 만난 기록이 있습니다. 대표적인 예는 다음과 같습니다.

부활하신 주님을 만난 사람들

1. 막달라 마리아

예수님의 무덤을 찾아간 막달라 마리아는 부활하신 예수님을 처음으로 만났습니다. 이 만남은 절망과 슬픔에 잠겨 있던 그녀에게 큰 기쁨과 희망을 주었습니다.

2. 엠마오로 가던 두 제자

예수님의 부활 소식을 듣고 절망에 빠져 엠마오로 향하던 두 제자는 부활하신 예수님을 만나 함께 식사하며 그분을 알아보았습니다.

3. 제자들

예수님은 여러 차례 제자들에게 나타나 그들의 믿음을 굳건하게 하고, 복음을 전파할 사명을 주셨습니다. 특히 도마는 예수님의 부활을 의심했지만, 직접 예수님의 손과 옆구리를 만져보고 믿음을 얻었습니다.

4. 베드로

예수님의 제자들 가운데 초대교회에서 가장 존경을 받았던 베드로는 사실 제자의 삶에 실패한 사람이었습니다. 갈릴리 호수에서 "나를 따르라"는 주님의 음성을 듣고 예수님의 제자가 되었던 베드로는 자신의 목숨을 건지고자 예수님을 3번이나 모른다고 부인했습니다. 이러한 그를 예수님께서는 다시 찾아와 용서하시고 다시 한 번 사명을 주셨습니다.

예수님께로부터 사명을 받음

요 20:21/"아버지께서 나를 보내신 것까지 나도 너희를 보내노라."

그들은 세상에 나가 자신이 할 일이 무엇인지
분명하게 깨달았습니다. 예수님의 마음,
세상과 하나님을 화목하게 하는 사명을 받아
세상으로 보냄을 받은 것입니다.

1. 영원한 생명의 약속

예수님의 부활은 죽음을 이기고 영원한 생명을 얻을 수 있다는 것을 보여줍니다. 부르심과 사명이 없이는 갈 수 없는 길입니다.

제자들은 성령을 받았습니다.
그들은 사망의 길을 걸어갈 때 제 뜻대로,
제 생각대로 행하지 않았습니다.

그리고 어떤 상황에서도 두려움을 이기고 나아갔습니다. 그것은 그들이 함께하시는 성령의 능력을 의지했기 때문입니다. 우리는 모두 주님을 만났고, 그분이 나를 이 세상에 보내신 이유와 목적을 분명히 알고 있습니다. 육신을 쫓는 자는 육신의 일을 영을 쫓는 자는 영의 일을 생각하나니 이제 그 길로 인도하실 성령님께 내 발걸음을 맡깁시다. 그리고 나를 통해 이루실 하나님의 역사를 기대하며 바라봅시다.

2. 새로운 삶의 시작:
부활하신 예수님을 만난 사람들은 절망에서 벗어나 새로운 희망과 용기를 얻고 변화된 삶을 살았습니다.

3. 믿음의 확신
보혜사이신 성령의 지혜와 계시로 더욱 견고하게 세우시고 큰 담력을 얻습니다.
- 부활의 주님을 만나는 경험은 믿음을 더욱 굳건하게 하고, 신앙생활에 큰 힘이 됩니다.

4. 사랑과 용서
예수님께서는 사람들을 만나 그들의 죄를 용서하시고 사랑으로 감싸 주셨습니다.

- 오늘날 우리에게 부활의 주님과의 만남은
오늘날 우리는 성경 말씀을 통해, 예배와 기도를 통해, 그리고 삶 속에서 부활하신 예수님을 만날 수 있습니다. 또한, 사랑과 나눔을 실천하며 살아갈 때, 우리는 부활의 주님을 더욱 가까이 느낄 수 있습니다.

하나님의 나라가 바로 거기에 싹트고
있습니다. 주님의 성령이 내게 주어졌음을
믿고 실행하는 복되고 기쁜 날 되기를
간절히 소망합니다.

하나님! 우리를 주님의 제자로 불러 주시고
말씀을 들려주시며 또한 믿게 하시니 감사합니다.
주님께서 맡겨주신 세상과 하나님을
화목케 하는 사명을 온전히 감당하게 하시고
때마다 일마다 도우시고 인도하시는
성령의 은혜를 경험하게 하옵소서.
예수 그리스도의 이름으로 기도합니다. 아멘.

부활을 본받아

롬 6:5,
만일 우리가 그의 죽으심을 본받아 연합한 자가 되었으면 또한 그의 부활을
본받아 연합한 자가 되리라.

창조주 하나님은 말씀으로 온 우주전체를 만들고 질서 있게 자전하게
하시고 모든 자연 만물을 만드시고
그 모든 것을 주관하시고 하나님의 형상대로 인간을 만드시고
인생들의 생사화복을 주관하시며
모든 나라와 정세를 자기 뜻대로
계획하시고 이루시는 절대자 하나님이십니다

예수님은 성경대로 세상에 오셨고
성경대로 삶을 사셨고
성경대로 죽으시고
성경대로 살아나셨습니다.

고전 15:3/"성경대로 그리스도께서 우리를 위하여 죽으시고 장사 지낸 바 되었
다가 성경대로 사흘만에 다시 살아나사."

1. 부활의 첫 열매가 되신 예수님

고전 15:20/"이제 그리스도께서 죽은 자 가운데서 다시 살아 잠자는 자들의 첫 열매가 되셨도다."

2. 부활이요 생명이신 예수님

요 11:25~27/"예수께서 가라사대 나는 부활이요 생명이니 나를 믿는 자는 죽어도 살겠고 무릇 살아서 나를 믿는 자는 영원히 죽지 아니하리니 네가 이것을 믿느냐 가로되 주여 그러하외다 주는 그리스도시요 세상에 오시는 하나님의 아들이신 줄 내가 믿나이다."

(예수님과 마르다의 대화)

3. 예수님의 부활과 우리의 부활의 관계

고전 15:16~20/"만일 죽은 자가 다시 살아나는 일이 없으면 그리스도도 다시 살아나신 일이 없었을 터이요 그리스도께서 다시 사신 것이 없으면 너희의 믿음도 헛되고 너희가 여전히 죄 가운데 있을 것이요 또한 그리스도 안에서 잠자는 자도 망하였으리니 만일 그리스도 안에서 우리의 바라는 것이 다만 이생뿐이면 모든 사람 가운데 우리가 더욱 불쌍한 자라 그러나 이제 그리스도께서 죽은 자 가운데서 다시 살아 잠자는 자들의 첫 열매가 되셨도다."

4. 성도들의 부활의 시기

주의 재림 때에 잠자던 성도들의 부활과

살아남은 자의 거룩함으로 변화와 들림.

고전 15:51~53/"보라 내가 너희에게 비밀을 말하노니 우리가 다 잠잘 것이 아니요 마지막 나팔에 순식간에 홀연히 다 변화하리니 나팔 소리가 나매 죽은 자들이 썩지 아니할 것으로 다시 살고 우리도 변화하리라 이 썩을 것이 불가불 썩지 아니할 것을 입겠고 이 죽을 것이 죽지 아니함을 입으리로다."

빌 3:20~21/"오직 우리의 시민권은 하늘에 있는지라 거기로서 구원하는 자 곧 주 예수 그리스도를 기다리노니 그가 만물을 자기에게 복종하게 하실 수 있는 자의 역사로 우리 낮은 몸을 자기 영광의 몸의 형체와 같이 변케 하시리라."

5. 부활의 주님을 첫 번째로 만난 막달라 마리아

예수님의 부활은 곧 나의 부활이로다. 아멘. 할렐루야!

예수님 안에서 죽는 자만이 예수님과 함께 영원히 삶을 얻으리라.

요 20:11~18/"마리아가 무덤 밖에서 울고 있더니 예수께서 뒤에 서셨으나 예수신 줄 알지 못하더라 예수께서 가라사대 여자여 어찌하여 울며 누구를 찾느냐 여자가 동산지기인줄 알고 당신이 어디두었는지 이르소서 내가 가져가리이다 예수께서 마리아야! 하시거늘 마리아가 랍오니여!(선생님이여)하니 나를 만지지 말라 하시고 제자들에게 가서 내가 아버지 곧 너희 아버지께로 올라간다 하라."

6. 성령의 법이 죄와 사망의 법에서 해방

주님의 십자가가 없었으면

주님의 부활도 없었고

주님의 부활이 없으면

주님의 승천도 없었고

주님의 승천이 없으면

주님의 재림도 없을 것이요

주님의 재림의 없으면

성도에게 소망도 없도다

롬 8:1~2/"그러므로 이제 그리스도 예수 안에 있는 자에게는 결코 정죄함이 없나니 이는 그리스도 예수 안에 있는 생명의 성령의 법이 죄와 사망의 법에서 너를 해방하였음이라."

주님은 부활하신 후 40일 동안 13~14차례나
제자들에게 나타나 보였으며 제자들에게 사명을 주시고
세상 끝날까지 함께 하시리라 약속하셨습니다
500여 성도들이 지켜보는 가운데서
두 천사의 호위를 받으시며 하늘구름을 타시고
천국으로 승천하셨습니다.
주께서 십자가를 지실 때는 다 도망갔던 제자들이
부활의 주님을 친히 만나고 난 후에는
예수님을 위해 기꺼이 목숨을 바치며
십자가의 복음을 증거 하였습니다.

회개, 회심
-개심, 개종

행 3:19,
그러므로 너희가 회개하고 돌이켜 너희 죄 없이 함을 받으라 이같이 하면 유쾌하게 되는 날이 주 앞으로부터 이를 것이요

범죄 한 죄인인 내가 그리스도의 피로 속죄함을 받고
이제 성령의 역사하심으로 새 사람으로
거듭난 자가 되었으니 과거의 부끄럽고
추한 죄를 가슴을 찢고 눈물로 통회 하고
거룩하신 하나님께로 돌아오는 마음과
생활의 변화가 따르게 된다.
회심은 단순히 뉘우치는 것만이 아닌즉
반드시 회개와 믿음이 수반한다.

그래서 소극적 회심을 회개라 하고
적극적 회심을 믿음이라 한다.
회심은?
죄를 슬퍼하고 후회하는 마음이요 하나님께로

돌아오는 마음이다. 즉 죄를 돌이켜보며
슬퍼하고 떠나서 자비로우신 하나님을 바라보고
하나님을 믿는 마음과 돌아오는 행위를 말한다.

호 6:1/"오라 우리가 여호와께로 돌아가자."
눅 15:20/"이에 일어나서 아버지께로 돌아가니라."

회개는 죄의 생활을 고치고 그 죄를 끊는 행위이다. 예수께서 공생애를 시작하시면서 첫 번째 하신 말씀이 "회개하라 천국이 가까웠느니라."고 하였습니다.

마 3:32/"내가 의인을 부르려 온 것이 아니요 죄인을 불러 회개시키려 왔노라."

하나님께서 회개할 자를 오라 하심

사 1:18/"여호와께서 말씀하시되 오라 우리가 서로 변론하자 너희 죄가 주홍 같을지라도 눈과 같이 희어질 것이요 진홍같이 붉을지라도 양털같이 희게 되리라."

회개란? 죄인 된 과거를 자세히 돌이켜 보고
참 마음으로 후회하며 눈물로 애통하는 행위요
과거의 나쁜 행동을 끊고 주와 함께 새 사람으로서 새롭게 살아가는 삶이다.

1. 회개의 지적인 요소
- 중생(거듭남)하기 전 (예수 믿기 이전)의 생활이
죄악과 온갖 부정에 빠져 있었음을 스스로 인정하고 그 길에서
돌이켜 주께로 돌아오는 것이다.
롬 3:20-율법은 죄를 깨닫게 하는 것

행 3:19/"너희가 회개하고 돌이켜 너희 죄 없이함을 받으라"

2. 회개의 감정의 요소
- 거룩하시고 자비로우신 하나님을 배반하고
온갖 흉악한 죄 중에 있었던 자신의 죄를 슬퍼하고
가슴을 찢고 눈물로 통회하며 죄를 낱낱이 자백하는 행위이다.

겔 18:31/"너희가 범한 모든 죄악을 버리고 마음과 영을 새롭게 할지어다."
사 51:17/"하나님이여 상하고 통회하는 마음을 주께서 멸시치 아니하시리라."

3. 회개의 의지적 요소
- 잘못된 죄를 생각하고 방성대곡했다고
회개가 완전해진 것은 아니다.
이제는 죄를 다시 안 짓고 새롭게 살겠다는
결단력 있는 의지와 각오가 필요하다.

마 3:8/"그러므로 회개에 합당한 열매를 맺고."

이와 같이 회개는 지. 정. 의의 전인적 변화의 행위이다.

4. 회개의 특성
- 인간의 각성 의식이다.
중생은 인간의 무의식 속에 이루어지는
하나님의 일방적 주권으로 이루어 지지만
회개는 지.정.의의 인간의 표현의 행위이기 때문에 인간의 협력이 필요하다.
그러나 회개의 주체는 역시 성령 하나님이시다.
인간 마음대로 회개하고 싶다고 해서 회개가 되어 지지 않는다. 성령의 말할 수 없는 탄식으로 [회개의 영]을 불어 넣어 주어야만 진정으로 회개할 수 있다.

회개는? 하나님께서 시키셔서 하는 하나님만이 받으시는 죄인의 고백이다.

행 11:18/"하나님께서 이방인에게도 생명 얻을 회개를 주셨도다."
요일 1:9/"만일 우리가 우리 죄를 자백하면 저는 미쁘시고 의로우사 우리 죄를 사하시며 모든 불의에서 우리를 깨끗하게 하실 것이요. 아멘."

가롯인 유다는 죄를 뉘우치기만 하고 회개를 못했다.
그러므로 스스로 목매어 죽어서(자살) 지옥 불못으로 떨어졌다.

그러나 베드로는 죄를 뉘우치고 회개를 하였다.

그러므로 다시 제자로 쓰임을 받았고
영광스런 천국으로 들어갔다.
지금도 하나님은 우리를 회개하도록
기다리시고 계신다.
(탕자가 아버지께로 돌아오기를 기다리시듯이)

벧후 3:9/"주의 약속은 어떤 이의 더디다고 하는 것 같이 더딘 것이 아니라 너희를 대하여 오래 참으사 아무도 멸망치 않고 다 회개하기에 이르기를 원하시느니라. 아멘."

- 회개하라 천국이 가까웠느니라.
- 회개에 합당한 열매를 맺으라.

진정한 행복은

롬 4:6-9,
6. 일한 것이 없이 하나님께 의로 여기심을 받는 사람의 행복에 대하여 다윗의 말한바
7. 그 불법을 사하심을 받고 그 죄를 가리우심을 받는 자는 복이 있고
8. 주께서 그 죄를 인정치 아니하실 사람은 복이 있도다 함과 같으니라
9. 그런즉 이 행복이 할례자에게뇨 혹 무할례자에게도뇨 대저 우리가 말하기를 아브라함에게는 그 믿음을 의로 여기셨다 하노라.

참 행복은 단순한 쾌락이나 일시적인 만족을 넘어선,
깊고 지속적인 내면의 평안을 의미합니다.
이는 외부적인 조건이나 상황에 좌우되지 않고,
내면의 가치와 의미를 추구하며 살아가는 삶에서 비롯됩니다.

참 행복의 정의는 주관적이며 다양하게 해석될 수 있지만,
일반적으로 다음과 같은 요소들을 포함합니다.

행복의 요소

1. 내면의 평화와 만족

- 참 행복은 불안, 두려움, 욕심 등 부정적인 감정에서 벗어나 내면의 평화와 만족을 느끼는 상태입니다.
- 자신을 있는 그대로 받아들이고 긍정적인 자아 이미지를 형성하는 것이 중요합니다.

2. 의미와 목적이 있는 삶
- 참 행복은 자신이 가치 있다고 생각하는 일에 헌신하고, 삶의 의미와 목적을 발견하는 과정에서 얻어집니다.
- 자신의 재능과 능력을 활용하여 타인에게 기여하고 사회에 긍정적인 영향을 주는 삶을 추구합니다.

3. 긍정적인 관계
- 참 행복은 사랑, 존중, 신뢰를 바탕으로 한 긍정적인 관계를 통해 더욱 깊어집니다.
- 가족, 친구, 연인 등 소중한 사람들과의 관계를 유지하고 발전시키는 것이 중요합니다.

4. 감사와 긍정적인 마음
- 참 행복은 작은 것에도 모든 일에 감사. 범사에 감사하고 긍정적인 마음으로 세상을 바라보는 태도에서 비롯됩니다.
- 자신이 가진 것에 만족하고 현재의 순간을 소중히 여기는 것이 중요합니다.

5. 자기 성장과 발전

- 참 행복은 끊임없이 배우고 성장하며 자신의 잠재력을 최대한 발휘하는 과정에서 얻어집니다.
- 새로운 경험에 도전하고 자신의 한계를 극복하며 성장하는 삶을 추구합니다.

기독교적인 관점에서의 참 행복은?

기독교에서는 참 행복을 하나님과의 관계에서 찾습니다. 예수 그리스도의 가르침을 따르고 하나님의 사랑을 실천하며 살아가는 삶을 통해 진정한 행복을 얻을 수 있다고 믿습니다.

말씀과 기도로. 찬양과 예배를 통하여 그리스도 안에서 신령한 교회 공동체가 인에서 성령의 교통이 충만한 가운데 지속적인 기름 부음입니다.

참 행복은 외부적인 조건이 아닌 내면의 가치와 의미를 추구하며 살아가는 삶에서 비롯되는 깊고 지속적인 성령의 충만함입니다.

환난 중에 즐거워하며

롬 5:3상,
다만 이뿐 아니라 우리가 환난 중에도 즐거워하나니

온전한 사람, 조금도 부족함이 없고 완전하고
성숙한 사람이란 다름 아니라 '인내'를 충분히 발휘한 사람이라고
야고보 사도는 가르칩니다(약 1:4).
인내의 가치는 아무리 강조해도 부족함이 없습니다.
인생을 바르고 참되게 살고자 하는 사람이라면
반드시 배워서 익혀야 하는 영성의 핵심 덕목이 바로 인내입니다.

흔히 사람들은 재능이 중요하다고 말합니다.
그래서 스스로 자기가 잘할 수 있는 일을 찾으라고 합니다. 그래야 인생에서 승리할 수 있다고 합니다.
그러나 아무리 뛰어난 재능이 있어도
이것을 배우지 못하면 아무런 소용이 없습니다.
이것은 바로 인내입니다.
인내를 배우지 못해서 그 뛰어난 재능이 도리어

당사자를 더욱 비참하게 만드는 경우를
우리는 자주 접합니다. 대개 인내는
환난, 즉 고난을 겪으면서 형성됩니다.
상당한 아픔과 기다림의 터널을 통과하면서
얻게 되는 것이 인내입니다.

그것을 누구보다 잘 알고 있는 바울이라서
환난을 즐거워한다고 말합니다.
환난이 왔을 때, 고통스러워하면서
빨리 빠져나가고 싶어서 몸부림치는
것이 아니라 그것을 즐거워한다는 것입니다.
왜냐하면 환난이 무엇을 가져다주는지
알고 있기 때문입니다.
환난을 이겨내면 인내라는 영적인 힘이 그 인격 안에 형성됩니다.

인내를 가진 사람은 소망을 이루어냅니다.
소망, 꿈, 기도 제목을 이루는 사람은 참고
기다리면서 포기하지 않고 조금은 더디더라도
한 걸음 한 걸음씩 앞으로 나아갑니다.
환난은 믿음이 있는 사람에게는 기회입니다.
그래서 즐거워합니다.
복되고 좋은 오늘 이 하루도 환난의 의미를 알고
그것에 대한 확신이 있기를 간절히 소망합니다.

'인내를 온전히 이루라'는 약 1:4에 나오는 구절입니다.
이 구절은 다음과 같은 의미를 담고 있습니다.

1. 인내의 중요성
어려움과 고난 속에서도 인내를 통해 성장하고 성숙할 수 있다는 것을 강조합니다.

2. 온전함
인내를 통해 우리는 부족함 없이 온전한 사람이 될 수 있습니다.

3. 성숙
인내는 우리를 성숙하게 만들고, 어떠한 상황에서도 흔들리지 않는 단단한 사람으로 만들어줍니다.
이 구절은 우리에게 다음과 같은 교훈을 줍니다.
- 어려움 속에서도 포기하지 않고 인내해야 합니다.
- 인내를 통해 우리는 더 나은 사람이 될 수 있습니다.
- 인내는 우리 삶의 모든 영역에서 필요합니다.

이 구절은 많은 사람들에게 위로와 격려를 주는 말씀입니다. 어려움에 처했을 때, 이 구절을 기억하며 인내를 통해 어려움을 극복하고 더 나은 삶을 살아가기를 소망합니다.

하나님, 환난을 당할지라도 감사합니다.

환난이 인내와 소망을 이루어 줌을 믿습니다.
그러나 우리에게는 여전히 실천할 힘이 부족합니다.

우리에게 성령을 부어 주옵소서.
아는 것을 아는 대로 지켜 행할 수 있도록
도와주시고 인도해 주옵소서.
예수 그리스도의 이름으로 기도합니다. 아멘.

부활의 능력

롬 6:8,
만일 우리가 그리스도와 함께 죽었으면 또한 그와 함께 살 줄을 믿노니

'이기는 자'가 누구인지에 대한 질문은 성경, 특히 요한일서와 요한계시록에서 중요한 주제입니다. 성경 구절들을 종합적으로 살펴보면 다음과 같이 이해할 수 있습니다.

성경적 관점에서의 '이기는 자'

1. 세상을 이기는 자

요한일서 5장 4-5절에서, "무릇 하나님께로부터 난 자마다 세상을 이기느니라 세상을 이기는 승리는 이것이니 우리의 믿음이니라 예수께서 하나님의 아들이심을 믿는 자가 아니면 세상을 이기는 자가 누구냐."라고 말씀합니다. 즉, 예수를 하나님의 아들로 믿는 믿음을 가진 자가 세상을 이기는 자입니다.

2. 예수 그리스도를 믿는 자

앞선 구절에서 명확히 드러나듯이, 세상을 이기는 능력은 예수 그리

스도에 대한 믿음에서 비롯됩니다. 이는 단순히 지적인 동의를 넘어, 예수님을 구세주로 인정하고 그분을 의지하는 삶을 의미합니다.

3. 하나님께로부터 난 자
요한일서 5:4에서, "하나님께로부터 난 자마다 세상을 이기느니라"고 말합니다. 이는 거듭난 그리스도인, 즉 성령으로 말미암아 새 생명을 얻은 사람을 의미합니다.

4. 요한계시록에서의 '이기는 자'
요한계시록 2-3장에 나오는 일곱 교회에 대한 메시지에서 "이기는 자"에게 주어지는 다양한 약속들이 있습니다. 이러한 약속들은 단순히 특정한 소수의 사람들에게만 주어지는 것이 아니라, 각 교회의 모든 신실한 성도들에게 적용될 수 있습니다. 이들은 각자의 상황 속에서 믿음을 지키고, 어려움과 박해를 이겨내는 자들을 의미합니다.

5. 모든 진실한 믿는 자
'이기는 자'는 특별히 뛰어난 성도만을 의미하는 것이 아니라, 진실로 구원받고 부활하신 그리스도의 가르침에 순종하는 모든 참된 믿는 자들을 포함합니다.

6. 실천적인 삶
모든 신자는 회심 이후에 이기는 삶을 살아가도록 권면 받습니다. 비록 모든 신자가 항상 승리하는 삶을 살지는 못하지만, 믿음 안에서 죄와 세상의 유혹을 극복하고자 노력하는 삶이 "이기는 삶"입니다.

이기는 자는 예수 그리스도를 하나님의 아들로 믿는 믿음을 가진
모든 그리스도인을 의미합니다.
이들은 하나님께로부터 새 생명을 얻어
세상의 어려움 속에서도
믿음을 지키며 살아가는 사람들입니다.
요한계시록에서의 '이기는 자'에 대한 약속은
이러한 모든 신실한 성도들에게 주시는
하나님의 격려와 소망의 메시지입니다.
그리스도의 부활은 온 인류를 향한 승리의 선포입니다.

율법을 다 이루시고. 하나님의 공의를 다 이루시고,
사단의 참소를 다 소멸하시고, 이기시고 부활의 능력으로
구속의 은혜를 깨닫게 하시는 성령 신령한 은사가
말씀을 따라 살아가는 우리의 영과 혼과 육이
우리의 환경에 충만한 능력으로 함께 하시기를 축복합니다.

부르심의 축복

롬 8:28,
우리가 알거니와 하나님을 사랑하는 자 곧 그 뜻대로 부르심을 입은 자들에게는 모든 것이 합력하여 선을 이루느니라.

'부르심의 축복'은 기독교 신학에서 중요한 개념으로, 하나님께서 특정한 목적을 위해 개인을 부르셨다는 믿음을 의미합니다. 이 '부르심'은 단순한 초대를 넘어, 하나님의 특별한 계획과 연결된 거룩한 행위로 여겨집니다.

부르심의 의미와 축복

1. 하나님의 주권적인 선택

부르심은 인간의 능력이나 자격이 아닌, 하나님의 주권적인 선택에 의한 것으로 이해됩니다. 이는 인간이 하나님의 계획에 참여하도록 초대받았음을 의미하며, 겸손과 감사의 마음을 갖게 합니다.

2. 새로운 정체성과 사명

부르심을 받은 사람은 새로운 정체성을 얻고, 하나님께서 맡기신 특별한 사명을 수행하게 됩니다. 이 사명은 개인의 삶의 방향을 결정하고, 의미 있는 삶을 살도록 이끌어줍니다.

3. 하나님의 동행과 축복
부르심에는 하나님의 동행과 축복이 약속되어 있습니다. 하나님께서는 부르심을 받은 사람이 사명을 감당할 수 있도록 필요한 은혜와 능력을 제공하십니다.

4. 공동체와의 연결
부르심은 개인과 더불어, 교회 공동체와의 연결을 강화합니다. 공동체 안에서 서로 협력하며, 하나님의 나라를 세워나가도록 이끌어줍니다.

부르심의 축복을 누리는 방법

1. 하나님의 음성에 귀 기울이기
기도와 묵상을 통해 하나님의 음성을 듣고, 그 뜻을 분별하는 것이 중요합니다.

2. 순종과 헌신
하나님의 부르심에 순종하고, 맡겨진 사명에 헌신하는 자세가 필요합니다.

3. 믿음과 인내
부르심의 여정에는 어려움과 고난이 따를 수 있지만, 믿음과 인내로 극복해야 합니다.

4. 공동체와의 교제
교회 공동체 안에서 서로 격려하고 협력하며, 함께 하나님의 나라를 세워나가야 합니다.

'부르심의 축복'은 개인에게 큰 기쁨과 소망을 주는 동시에, 하나님께 헌신하는 삶을 살도록 이끄는 중요한 동기가 됩니다.

소명(부르심)
(기초적. 출생적. 과거적 구원)

하나님의 자녀로 예정된 자를 부르심
하나님께서 구원받을 자를 창세 전부터 미리 예정하셨습니다.
엡 1:4-6/"곧 창세 전에 그리스도 안에서 우리를 택하사 우리로 사랑 안에서 그 앞에 거룩하고 흠 없게 하시려고 그 기쁘신 뜻대로 우리를 예정하사 예수 그리스도로 말미암아 자기의 아들들이 되게 하셨으니 이는 그의 사랑하시는 자 안에서 우리에게 거저 주시는바 그의 은혜의 영광을 찬미하게 하려는 것이라."

롬 8:29-30/"하나님이 미리 아신 자들로 또한 그 아들의 형상을 본받게 하기 위하여 미리 정하셨으니 이는 그로 많은 형제 중에서 맏아들이 되게 하려 하심이니라 [미리 정하신 자들을 또한 부르시고]."

우리가 어떤 형편에 있을 때에 부르셨는가?
죄와 허물로 죽었던 자리에서 우리를 부르셨습니다.
엡 2:1/"너희의 죄와 허물로 죽었던 너희를 살리셨도다."
요 5:24하/"- 사망에서 생명으로 옮겼느니라."

하나님께서 어떤 자들을 부르셨는가?(고전 1:26-29)
세상에서 볼품없는 자들을 불러 주셨습니다.
지혜 없는 자,
문벌 좋지 않은 자,
세상의 미련한 자들을 택하사 지혜 있는 자를 부끄럽게 하시려고.
세상에서 약한 자들을 택하사 강한 자를 부끄럽게 하시려고.
세상의 천한 자들,
세상에서 멸시받는 자들,
가난한 자들,
마음에 상처가 있는 자들,
몸에 병이 있는 자들,
귀신에게 사로잡힌 자들을 불러 주셨습니다.

1. 외적 부르심(전도자들을 통하여...초청하심)
제자들의 전도를 통하여 부르심
전도자들을 통하여 부르심
가족 중에 먼저 믿는 자를 통하여 부르심
친구와 동료들의 전도를 통하여 부르심
기독교TV를 통하여 부르심

교회 성도들의 전도를 통하여 부르심(등)

2. 내적 부르심

너는 내 것이라 친히 지명하여 부르심

사 43:1/"야곱아 너를 창조하신 여호와께서 지금 말씀하시느니라 이스라엘아 너를 지으신 이가 말씀하시느니라 너는 두려워하지 말라 내가 너를 구속하였고 내가 너를 지명하여 불렀나니 너는 내 것이라."

성령께서 마음에 감동하심으로 부르심
주의 음성을 친히 들음으로..(사도 바울의 부르심의 경우)
행 9:3-5/"사울이 길을 가다가 다메섹에 가까이 이르더니 홀연히 하늘로부터 빛이 그를 둘러 비추는지라 땅에 엎드러져 들으매 소리가 있어 이르시되 사울아 사울아 네가 어찌하여 나를 박해하느냐 하시거늘 대답하되 주여 누구시니이까 이르시되 나는 네가 박해하는 예수라(부활하신 예수)

성도들의 베푸는 사랑의 모습을 보며
교회에 나오게 됨
극한 어려운 상황 속에서도 인내하는 성도들을 보며
감동 받아 교회에 나오게 됨
오가며 교회를 보다가 가보고 싶어서 나오게 됨
영적인 꿈을 통하여
실패와 절망을 통하여
질병의 고통을 통하여
삶 속에서 위험한 상황을 통하여
불 같은 시험을 통하여

고독과 외로움의 삶 속에서
살아갈 소망이 끊어질 때에
교회에서 들려오는 찬송 소리를 통하여
성령의 강권적인 능력으로 이끄심 때문에(등)

하나님께서 나를 부르심에는 결코 후회하지 않으십니다.
롬 11:29/"하나님의 은사와 부르심에는 후회하심이 없느니라."

하나님께서 먼저 나를 택하여 복음의 전도자"로 세우시려고 부르심
요 15:16/"너희가 나를 택한 것이 아니요 내가 너희를 택하여 세웠나니 이는 너희로 가서 열매를 맺게 하고 또 너희 열매가 항상 있게 하여 내 이름으로 아버지께 무엇을 구하든지 다 받게 하려 함이라."
요 15:8/"너희가 열매를 많이 맺으면 내 아버지께서 영광을 받으실 것이요 너희는 내 제자가 되리라."
행 9:15/"주께서 이르시되 가라 이 사람은 내 이름을 이방인과 임금들과 이스라엘 자손들에게 전하기 위하여 택한 나의 그릇이라."

하나님께서 우리를 부르신 깊은 뜻은?
우리로 예수 그리스도와 교제하게 하시려고
친히 부르셨습니다.
고전 1:9/"너희를 불러 그의 아들 예수 그리스도 우리 주와 더불어 교제하게 하시는 하나님은 미쁘시도다."

오늘도 그대는 하나님께서 친히 부르심을 받은 존귀한 자로 살아가시게 됩니다.

그대는 어떤 경우를 통하여 하나님의 부르심을 받았는가?
하나님께서 나 같은 자를 택하시어
속죄하시고 구원하사 거룩하신 예수 그리스도와
영적으로 교제를 하게 하시고
나를 통하여 하나님 이름을 이방인들과 왕들과
이스라엘 백성에게 (만백성에게) 전하기 위해
나를 부르심을 결코 후회하지 않으신
하나님께 영광과 경배와 감사와 찬송을 드립니다.

하나님께서 아무나 다 부르신 것도 아니요
아무나 다 구원함도 아니라 하나님의 기쁘신 뜻대로
택하신 자를 부르시고 구원하시는 중에
나를 택하시고 부르셨음을 내 평생 감사와 찬양과
영광과 경배를 올려드립니다.

서로 용납하라

롬 14:1-2,
1. 믿음이 연약한 자를 너희가 받되 그의 의심하는 바를 비판하지 말라
2. 어떤 사람은 모든 것을 먹을만한 믿음이 있고 연약한 자는 채소를 먹느니라.

우리는 가끔 '틀리다'와 '다르다'를 잘못 사용합니다.
이 둘은 엄연히 다른 의미입니다.
'틀린' 것은 바로 잡아야 합니다.
그러나 '다른' 것은 서로 용납해야 합니다.
믿음의 대상이신 예수님에 대한 잘못된 가르침,
교회를 어지럽히고 무너뜨리려 하는 것,
하나님이 아닌 사람이나 사물을 신으로
섬기게 하는 것, 성령을 훼방하는 것 등은
명백한 죄이기 때문에 틀리다고 해야 합니다.

하지만 그 외에 문제들은 정죄의 대상이 아닌,
나와 의견이 다른 문제일 뿐이므로
다양한 의견을 수용하고 존중해 주어야 합니다.
바울은 우리에게 가르칩니다.

롬 14:1/"믿음이 연약한 자를 너희가 받되 그의 의견을 비판하지 말라."

성도는 자신의 의견만을 고집해서는 안 됩니다.
다른 사람을 인정할 수 있어야 합니다.
질서 안에서 서로의 다양성을 인정해주는 것입니다(롬 14:5).

'서로 받으라'는 로마서 15:7에 나오는 말씀으로,
기독교에서 중요한 의미를 갖습니다.
이 구절은 단순히 사람들을 받아들이는 것을 넘어,
그리스도께서 우리를 받아들이신 것처럼
서로를 환영하고 받아들이라는 깊은 의미를 담고 있습니다.
이 말씀에는 다양한 해석과 의미를 내포하고 있습니다.

'서로 받으라'에 들어있는 의미

1. 용납과 환영

서로의 다름을 인정하고 존중하며 받아들이라는 의미입니다.
- 외모, 성격, 배경 등 다양한 차이에도 불구하고 서로를 환영하고 따뜻하게 대하라는 것입니다. 무지개가 7색이 서로 다르듯 우리 몸의 지체가 서로 다르듯 그러나 쓸데없는 지체는 없습니다. 몸을 위하고, 서로에게 유익을 위하여 서로 용납의 기술이 필요합니다.

'틀리다'는 잘못되었거나 옳지 않다는 의미로 사용되지만 (정답에 대한 문제)

'다르다'는 서로 같지 않다는 의미를 갖고 있다.(비교에 대한 문제)

2. 공동체 형성
교회 공동체 안에서 서로를 받아들이고 하나됨을 이루라는 의미입니다.
- 서로를 지지하고 격려하며 함께 성장하는 공동체를 만들어가라는 것입니다.

3. 사랑과 겸손
그리스도의 사랑으로 서로를 대하고 겸손한 마음으로 섬기라는 의미입니다.
- 자신을 낮추고 다른 사람을 존중하며 사랑으로 대하라는 것입니다.

4. 하나님께 영광
서로를 받아들임으로써 하나님께 영광을 돌리라는 의미입니다.
- 사랑과 용납을 통해 하나님의 사랑을 세상에 드러내라는 것입니다.
단순히 교회 공동체 안에서만 적용되는 것이 아니라,
모든 인간관계에서 중요한 가르침을 제공합니다.
서로를 존중하고 사랑하며 받아들이는 것은
평화로운 사회를 만드는 데 필수적인 요소입니다.

다양성을 인정하려 하지 않고 서로 자신의 주장만을 내세워 교회에
분열이 일어납니다(약 3:14~16).

예수를 믿는다는 것은 '예수의 말씀대로 살겠다'는 의지입니다. 이 사
실을 잊고 하나님의 일을 하면서 나를 높이고, 나를 내세우고
내 뜻을 관철하기 위해 비판하고, 정죄하기 시작하면
하나님은 그를 떠나십니다.
분열은 또 다른 분열을 낳고
분열을 조장하는 것은 사단, 마귀, 귀신(사마귀)의 역사요 하수인들입
니다.

성도는 예수님이 내 삶의 주인이라는 사실을 깨달아야 합니다.
그리할 때 바울이 말한 것처럼, 우리도,
"살아도 주를 위하여 살고 죽어도 주를 위하여 죽나니 그러므로 사나
죽으나 우리가 주의 것이로다(롬 14:8)."라고 고백할 수 있는
기쁘고 복된 날 되기를 간절히 소망합니다.

하나님! 우리에게 함께 할 많은 이들을
허락해 주심에 감사드립니다.
서로 다른 사람들이 모인 공동체에서
서로를 인정하게 하옵소서.
화평과 하나 됨을 이루고,
사명을 감당하기에 부족함이 없는 거룩한 교회를 이루는데
작은 밀알이 되게 해주옵소서.
예수 그리스도의 이름으로 기도합니다. 아멘.

그리스도를 본받아

고전 11:1,
내가 그리스도를 본받는 자 된 것 같이 너희는 나를 본받는 자 되라

부활의 주님을 다메섹 길에서 만난 바울은
그리스도를 본받는 신앙과 삶과 죽음을 살아냈습니다.
"내가 그리스도를 본받는 자 된 것 같이 너희는 나를 본받는 자 되라."

로마에서 복음을 전하다가 단두대에 목 베임을 받아 순교함
그리스도인으로 첫 순교자
스데반 집사: 십자가와 부활의 복음을 담대히 전하다가 돌에 맞아 죽음(첫 순교)

제자들의 신앙과 죽음(순교)

베드로 사도(AD 67년경): 네로 황제의 대박해 때 십자가에 거꾸로 달려 죽음(순교)
쿼바디스 도미네! 주여! 어디로 가십니까? 네가 버린 십자가를 내가 지려고 로마로 간다.

야고보 사도: 제자들 중에 최초로 순교
  - 목이 잘림을 받아 죽음(순교)

안드레 사도: 엑스자 십자가에 달려 죽음(순교)

빌립 사도; 터키 히에라폴리에서 전도하다가 몽둥이에 묶여 맞아 죽음(순교)

마태 사도; 에티오피아에서 창에 찔려 죽음(순교)

도마 사도: 인도에서 피부가 벗겨지고 쇠몽둥이에 맞아 죽음(순교)

바돌로매 사도(나다나엘): 인도에서 산채로 피부가 벗겨져 죽음(순교)

작은 야고보 사도(94세 때): 망치와 쇠몽둥이에 맞아 죽음(순교)

셀롯인 시몬 사도: 페르시아에서 톱으로 몸이 잘려 두 동강이 나 죽음(순교)

유다 사도(다대오): 활에 맞아 죽음(순교)

맛디아 사도: (가룟유다 대신)
  - 목 베임을 받아 죽음(순교)

사도 요한: (예수님이 사랑한 제자): 밧모섬에 유배 되었을 때, 성령의 임하심으로 계시록을 기록함 요한 사도는 산 순교자이다.

예수님의 부활을 본 후 이런 순교자들이 있었기에 지금 우리가 예수님을 믿게 되었고 구원의 은혜를 받아 영광스런 소망 중에 주님을 앙망하며 하루하루를 기쁘게 충성하며 살게 되었도다! 우리도 남은 삶을 주님의 십자가 와 부활의 복음을 전하며 주를 위해 죽으면 죽으리라! 주님의 제자로서 나를 부인하고 나의 십자가를 지고 주의 길을 따르며 살자.

견인
- 이끌어 가심, 끝까지 붙들어 주심

고후 1:10.
그가 이같이 큰 사망'에서 우리를 건지셨고 또 건지시리라 또한 이후에라도 건지시기를 그를 의지하여 바라노라.

불가항력적 은혜, [현재적 구원] 견인이란?
하나님 편에서 견인이란 말은 우리를 오래 참으시고
우리를 용서하시고 끝까지 이끄시어 구원하신다는 뜻이다.
주께서 우리를 천국에 들어가도록 구원하시리라.

딤후 4:18/"주께서 나를 모든 악한 일에서 건져내시고 또 그의 천국에 들어가도록 구원하시리니 그에게 영광이 세세무궁토록 있을지어다."
요 10:28/"내가 저희에게 영생을 주노니 영원히 멸망치 아니 할 터이요 또 저희를 내 손에서 빼앗을 자가 없느니라."

견인이란? 문자적으로 하면 '참고 꼭 붙잡는 행위'이다.
하나님께서 오래 참으시고 강한 팔로 붙잡아 이끌어주심을 말한다.
한번 선택하여 부르시고 중생시켜 회심하여
의롭게 된 양자는 결코 버림을 당하는 일이 없다.

하나님께 선택받은 자는 궁극적으로 구원에 이르게 하신다.
이것이 칼빈주의 5대 교리 중 5번째인 '궁극적 구원',
불가항력적 은혜이다.

1. 견인은 신적 은혜의 힘

하나님께서는 강한 오른손으로 우리를 항상 붙들고 계신다.
예) 위험한 산길을 한 어머니가 그의 어린아이와
손을 맞잡고 걸어가고 있다.
이때 아이는 자기가 어머니의 손을 붙잡았다고 생각하나
실상은 아이를 보호하려는 어머니의 손의 힘이 더 강하다.
위험이 오고 어두워질수록 아이를 붙잡는 어머니의 손은 더욱 강하게
힘을 주어 아이의 손을 꽉 붙잡는다. 아이가 돌뿌리에 차여 넘어질 때
도 결코 놓을 수 없는 어머니의 강한 손이 있다.

롬 8: 5-39/"누가 우리를 그리스도의 사랑에서 끊으리요 환난이나 곤고나 박해나 기근이나 적신이나 위험이나 칼이랴, … 우리를 우리 주 그리스도 예수 안에 있는 하나님의 사랑에서 결코 끊을 수 없으리라."
요 10:29/"저희를 주신 내 아버지는 만유보다 크시매 아무도 아버지의 손에서 빼앗을 수 없느니라."
사 41:10/"두려워하지 말라 내가 너와 함께 함이라 놀라지 말라 나는 네 하나님이 됨이라 내가 너를 굳세게 하리라 참으로 너를 도와주리라 참으로 나의 의로운 오른손으로 너를 붙들리라."

철부지와 같은 내가 하나님의 손을 뿌리치고
딴 곳으로 도망쳐 가려 하지만 하나님은 더욱 강한 손으로

나를 더욱 강하게 붙잡고 결코 한순간도 놓지 않으신다.
그냥 내버려 두면 죽을 것을 알기 때문이다.
내가 말을 안 들으면 때려서라도 붙잡으신다.
이래도 '하나님의 주권교리'에 불만이 있는가?
성도는 하나님의 강한 팔에 안겨 있을 때
최고로 평안하고 안전하고 행복하다.

2. 견인은 궁극적 구원의 완성

우리가 양 같아서 딴 길로 가고 있지만 우리를 지극히 사랑하신
하나님 아버지께서는 오히려 오른손으로 더욱 강하게 붙드신다.
우리가 하나님의 뜻대로 살지 않고
그리고 하나님의 영광을 가리는 삶을 살면
물질로 또 자녀들로 아내로 친구로 사람 막대기와
질고의 채찍으로 징책하시며, 그래도 깨닫지 못하고
곁길로 가면 몸은 질병을 통해 죽음으로 다스리시고
영혼은 회개하게 하여 구원하신 하나님이시다.

고전 5:1/"너희 중에 심지어 음행이 있다 함을 들으니 이런 음행은 이방인 중에라도 없는 것이라 누가 그 아비의 아내를 취하였다 하는도다."

이런 자를 사단에게 내어주었으니 [이는 육신은 멸하고 영은 주 예수의 날에 구원을 얻게 하려 함이라] 강제로 소환을 하신다.
예) 각 나라에 파송 받은 대사가 국익에 손상을 주었을 때에 대통령은 즉시 그를 송환(호출)시킨다.

하나님은 한번 자기의 기쁘신 뜻대로 선택한 자들을 끝까지 이끌어서
천국에 이르게 하신다.
이것을 [궁극적 구원]이요 [불가항력적 은혜]라고 한다.
이젠 우리 하나님의 자녀는 예수를 믿지 않는 것이
예수를 믿은 것보다 더 어렵다.

우리를 택하신 하나님의 사랑, 우리를 구원하신
예수님의 십자가의 사랑, 우리를 주님의 형상으로
변화시키시는 성령님의 역사하심을 깨달아 알며
언제 어디서나 순간, 순간마다
꼭 붙드시고, 인도하시고, 간섭하시고, 보호하시고, 사랑하시며,
함께 하심을 믿고, 우리 몫에 매어준 십자가를 지고
언제 어디서든지, 어떤 경우에서도
감사하며, 기도하며, 순종하며, 충성하며
주님 가신 길 따라 가며, 승리자로 살아갈지라.
결코 수한대로 살지 못하고 강제로 견인되어 가는
어리석은 자의 삶이 되어
부끄러운 구원을 받는 자가 아닌
수한이 차기까지 생명 다하여 충성하므로
영광스럽고 넉넉한 구원의 자리에 함께 들어가자. (벧후 1:2-11)

하나님은 우리를 지금도 날마다 걸음마다 순간마다
천국으로 이끌어 가신다.

주의 구원의 은혜를 받은 자여!
항상 말씀 앞에 순종하며
성령의 새롭게 하시고 이끄심에 복종하여
거룩한 자로 성결한 자로 들림 받기를 위해
이 악한 세상에서 선한 싸움 잘 싸우고
푯대(천국)를 향하여 달려갈 길을 잘 달리고
끝까지 믿음을 지키어
영광중에 주 앞에 세움 받는 순결한 신부의 삶을 살아가자.

함께 자랑이 되리라

고후 1:14,
너희가 대강 우리를 아는 것 같이 우리 주 예수의 날에 너희가 우리의 자랑'이 되고 우리가 너희의 자랑'이 되는 것이라.

우리 하나님의 자녀들은 주님의 보좌 앞에서 만날 때
우리가 서로 자랑이 되고 우리가 서로 면류관이 되리라.
우리가 천국에서 만날 때 서로가 서로에게 기쁨이요 자랑이 되리라
주 안에 있는 우리가 서로에게 기쁨이 되고 면류관이 되리라.
빌 4:1/"나의 사랑하고 사모하는 형제들 나의 기쁨이요 면류관인 사랑하는 자들아 이와 같이 주 안에 서라."

측량할 수 없는 하나님의 은혜 안에서
말씀을 사모하는 열정으로 우리 좋은 인연이 되어
서로서로 기쁨 속에 감사함으로 아름답게 만나
이 험한 세상에서 지금 여기 이 순간까지
우리 서로 위로하며 격려하며 주의 사랑으로 사랑하며
삶의 무거운 짐을 함께 지고 힘겹게 하루하루를 살아왔어라.
주의 피로 인하여 한 피 받아 하나 되어

주님 안에서 함께 사랑하며 주님의 향기 되어 주님의 편지 되어
주님의 그릇이 되고, 주님이 계시는 곳이 되어 살아왔습니다.

삶이 너무 힘들 땐 함께 무릎 꿇고 두 손 꼭 맞잡고
마음 모두 함께 조용히 기도하였고
비록 몸은 멀리 떨어져 있어도
슬픈 일이 있을 때에 함께 슬퍼하며 기도하였고
기쁜 일이 있을 때엔 함께 기뻐하며 온 마음으로 축하했었지요.
삶의 밝음의 빛 환하게 비춰일 때면
마음 깊이 감사하므로 우리 함께 기뻐 뛰었었지요.

우리를 통해 많은 믿음의 혈통의 뿌리가
옥토에 굳게 내려짐을 보며 그 아름다운
열매로 인하여 한없이 보람을 갖게 된 우리.
우리의 남은 삶도 우리의 말과 생각과 삶이
주님의 마음에 들도록 아름답게 살아갈지라.
언제나 주님과 동행하므로 우리에게 맡겨주신
영혼구원의 사명에 생명 다하여 충성하며
날마다 믿음의 길에 끝까지 승리하여
주의 날에 영광 가운데서, 감격 속에 함께 만날 그 때에
우리 서로가 서로에게 큰 기쁨과 감격 속에
영광과 자랑스러움이 되리라.

주 앞에 서는 날, 우리는 서로에게 기쁨이 되고 면류관이 되며
그대는 나의 영원한 자랑과 면류관이 될 것이요
나 또한 그대의 영원한 자랑과 면류관이 될 것입니다.
그러므로 우리가 서로 사랑하기를 주께서 우리를
사랑하셨듯이 우리도 서로 사랑함이 마땅하도다.
우리 모두 주님의 나라에서 영원한 기쁨이요
면류관이요 자랑입니다.

고전 13:13/"그런즉 믿음, 소망, 사랑, 이 세 가지는 항상 있을 것인데 그 중의 제일은 사랑이라."

형제를 사랑하는 자는 예수님의 제자라

요 13:34~35/"새 계명을 너희에게 주노니 서로 사랑하라 내가 너희를 사랑한 것 같이 너희도 서로 사랑하라 너희가 서로 사랑하면 이로써 모든 사람이 너희가 내 제자인 줄 알리라."

하나님은 사랑이시라.

요일 4:7~10/"사랑하는 자들아 우리가 서로 사랑하자 사랑은 하나님께 속한 것이니 사랑하는 자마다 하나님으로부터 나서 하나님을 알고 사랑하지 아니하는 자는 하나님을 알지 못하나니 이는 [하나님은 사랑이심이라] 하나님의 사랑이 우리에게 이렇게 나타난 바 되었으니 하나님이 자기의 독생자를 세상에 보내심은 그로 말미암아 우리를 살리려 하심이라 사랑은 여기 있으니 우리가 하나님을 사랑한 것이 아니요 하나님이 우리를 사랑하사 우리 죄를 속하기 위하여 화목제물로 그 아들을 보내셨음이라."

우리 주님 앞에 설 때까지
서로 아껴주며 이해하며, 위로하며, 감싸주며,

도와주며, 함께 기도하며, 사랑하며,
힘차게 승리하며 살아가시기를 축복합니다.

세월을 아끼라

엡 5:15-16.
15. 그런즉 너희가 어떻게 행할지를 자세히 주의하여 지혜 없는 자같이 하지 말고
16. 오직 지혜 있는 자같이 하여 세월을 아끼라 때가 악하니라.

성경은 항상 기쁘게 살 수 있는 비법을 가르쳐주고 있습니다.
분노가 치밀어 오르고, 원망이 솟구쳐도 낙심하지 않고
희망을 갖고 살 수 있는 방법을 보여 줍니다.
그것은 곧 성령 충만을 받는 것입니다.
'세월을 아끼라'는 처방은 '성령 충만을 받으라'는 말이지요.
우리가 회개하고 예수님을 믿을 때
이미 성령님은 내 안에 들어와 계십니다.
그러한 성령님과 날마다 교제해야 내 삶에서
성령이 일하시고 충만해집니다.
힘들고 어려울 때 부르는 찬송가 한 곡이
평소에 부르는 100곡의 찬송가보다 더 간절하고,
낙담할 때 드리는 10분의 기도가
일상적으로 드리는 한 시간의 기도보다

능력 있는 것은 그때 성령이 더 충만하기 때문입니다.

마치 잘못한 아들에게, 병들어 아픈 딸에게
더욱 친밀하게 다가오시는 우리의 어머니들처럼 말입니다.

사 55:6/"너희는 여호와를 만날 만할 때에 찾으라 가까이 계실 때에 그를 부르라."

진정 세월을 아끼는 삶은 질그릇같이 연약한 내가 어려운 환경을
이겨보기 위해 아등바등 사는 삶이 아닙니다.
질그릇 속에 담긴 보화, 곧 내주하시는 성령과 함께 이 하루를
기회로 삼아 복되게 사는 삶입니다.

성령이 앞장서고 길을 트고 걸림돌까지 치워 주는
한없이 가볍고 즐거운 삶입니다.
복되고 기쁜 날 성령님과 함께 하여
세월을 아끼는 날이 되기를 간절히 소망합니다.

하나님! 내 안의 성령님이 계심을 알면서도
마음대로 세월을 낭비하여 살았던 지난 모습을 용서해 주시옵소서.
질그릇같이 연약한 우리가 힘든 현실 때문에
비틀거릴 때마다 성령님께 순종하여서
어려움을 복된 기회로 삼게 하옵소서.

'세월을 아끼라'는 에베소서 5:16에 나오는 구절입니다.
시간을 소중히 여기고 헛되이 보내지 말라는 의미를 담고 있습니다.

세월을 아끼라는 의미

1. 시간의 소중함

시간은 한 번 지나가면 다시 돌아오지 않는 소중한 자원임을 강조합니다.

2. 시간의 효율적인 사용

주어진 시간을 헛되이 보내지 않고 유익하게 사용해야 함을 의미합니다.

3. 후회 없는 삶

시간을 소중히 여김으로써 후회 없는 삶을 살 수 있다는 것을 강조합니다.

세월을 아끼는 방법

1. 목표 설정

삶의 목표를 설정하고 그 목표를 달성하기 위해 시간을 계획적으로 사용합니다.

2. 우선순위 설정
중요한 일과 급한 일을 구분하고 우선순위를 정하여 시간을 효율적으로 사용합니다.

3. 시간 낭비 줄이기
불필요한 일이나 습관을 줄여 시간을 낭비하지 않습니다.

4. 자기 계발
자기 계발에 투자하여 자신의 가치를 높이고 시간을 더욱 의미 있게 사용합니다.

5. 현재에 집중
과거에 대한 후회나 미래에 대한 불안에 얽매이지 않고 현재에 집중합니다.

세월을 아끼는 것의 중요성

1. 성공적인 삶
시간을 효율적으로 사용하는 사람은 성공적인 삶을 살 가능성이 높습니다.

2. 만족스러운 삶
시간을 의미 있게 사용하는 사람은 만족스러운 삶을 살 수 있습니다.

3. 후회 없는 삶

시간을 소중히 여기는 사람은 후회 없는 삶을 살 수 있습니다.

'세월을 아끼라'는 구절은 우리에게 시간을 소중히 여기고 헛되이 보내지 말라는 중요한 교훈을 줍니다. 시간을 효율적으로 사용하여 더 나은 삶을 살아가도록 노력해야 합니다.

하나님의 전신갑주를 입자

엡 6:11-13.
11. 마귀의 궤계를 능히 대적하기 위하여 하나님의 전신갑주를 입으라
12. 우리의 씨름은 혈과 육에 대한 것이 아니요 정사와 권세와 이 어두움의 세상 주관자들과 하늘에 있는 악의 영들에게 대함이라
13. 그러므로 하나님의 전신갑주를 취하라 이는 악한 날에 너희가 능히 대적하고 모든 일을 행한 후에 서기 위함이라

말세를 살아가는 성도들이여!
우리 앞에 무섭게 다가오는 악한 어둠의 영들과 이 세상 권세자들과
치열한 영적 싸움에서 반드시 승리하기 위하여
이제는 하나님의 전신갑주를 입자!
말세를 살아가는 우리 성도에게 지금,
가장 시급히 필요한 것이 무엇인가?
세상의 지혜와 지식, 물질, 재능, 명예, 권세,
세상이 주는 평안과 안락과 세상의 즐거움이 아니요
그것은 오직 하나님의 말씀, 곧 하나님의 전신갑주이다.
그대는 지금 하나님의 전신갑주를 입고
날마다의 영적전쟁에 승리하며 살고 있는가?

혹시 그대는 영적으로 벌거벗은 몸 그대로
무방비 된 상태에서 자기 때가 얼마 남지 않음을 알아
택한 백성 가운데서 믿음의 확신이 없는 자 중에
한 영혼이라도 더 유혹하여 멸망시키려고
우는 사자와 같이 삼킬 자를 찾는
간교하고 사악한 사탄 마귀(거짓 영)와
불의한 세상을 주관하는 권세자들과의
싸움을 두려워하고 불안해하고 무서워 떨고 있지 않는가?
성도여, 하나님의 자녀여!
주의 말씀에 귀 기울여 마음속에 세미하게
능력 있게 들려오는 하나님의 음성을 들을지라.

성도여! 하나님께서 주신 전신갑주를 입으라.

엡 6:10-13/"끝으로 너희가 주 안에서와 그 힘의 능력으로 강건하여지고 마귀의 간계를 능히 대적하기 위하여 하나님의 전신 갑주를 입으라 우리의 씨름은 혈과 육을 상대하는 것이 아니요 통치자들과 권세들과 이 어둠의 세상 주관자들과 하늘에 있는 악의 영들을 상대함이라 그러므로 하나님의 전신 갑주를 취하라 이는 악한 날에 너희가 능히 대적하고 모든 일을 행한 후에 서기 위함이라."

그리스도인들이 영적인 싸움에서 마귀의 간계에 맞서 승리하기 위해 갖춰야 할 영적인 무장을 비유적으로 표현한 것입니다.
하나님의 전신갑주의 여섯 가지 요소

1. 진리의 허리띠

진리는 거짓과 속임수로부터 우리를 보호하고, 모든 행동의 기준이 됩니다.

2. 의의 호심경

의는 죄로부터 우리를 보호하고, 하나님 앞에서 올바른 관계를 유지하게 합니다.

3. 평안의 복음의 신

복음을 전할 준비는 우리에게 담대함을 주고, 평화를 가져다줍니다.

4. 믿음의 방패

믿음은 의심과 불신으로부터 우리를 보호하고, 하나님의 약속을 붙잡게 합니다.

5. 구원의 투구

구원은 절망과 좌절로부터 우리를 보호하고, 소망을 갖게 합니다.

6. 성령의 검 곧 하나님의 말씀:

하나님의 말씀은 우리의 공격적인 무기가 되어, 거짓과 유혹을 물리치고 진리를 드러냅니다.

하나님의 전신갑주를 입는 것은 상징적인 행위를 넘어섭니다.

이는 끊임없는 자기 성찰과 말씀 묵상, 기도,
그리고 성령의 인도하심을 따르는 삶을 통해 이루어집니다.
그리스도인들은 이 영적인 무장을 통해서 세상의 악한 세력에 맞서
담대히 싸우고, 하나님께서 주시는 승리를 경험할 수 있습니다.
'하나님의 전신갑주를 입으라'는 말씀은 영적인 싸움에서
승리하기 위해 진리, 의, 평안의 복음, 믿음, 구원,
그리고 하나님의 말씀으로 무장하라는 것입니다.

주께 구속함을 받고 생명의 복음의 비밀을
맡은 사명자로 세상을 향하여 보내심을 입은 자여!
주께서 성령으로 입혀주신 하나님의 전신갑주를 입고
오직 생명의 복음을 동서남북에 전하기 위하여
날마다 나와 세상을 대하여 마지막 영적 전쟁에서 승리하는
하나님의 강한 군대로서 큰 믿음의 용사가 될지라!

딤후 4:7-8/"나는 선한 싸움을 싸우고 나의 달려갈 길을 다 달리고 믿음을 지켰으니 이제 후로는 내게 의의 면류관이 예비되었으니 그날에 곧 의로우신 재판장이 내게 주실 것이요 내게만 아니라 주의 나타나심을 사모하는 모든 자에게도니라."

주님, 다시 오실 그 날까지,
또 내가 하나님의 부르심을 받는 그 날까지,
하나님께서 주신 말씀의 전신갑주를 입고 불의한 세상 권세자들과
거짓되고 악한 영들과 공중권세 잡은 사탄과 마귀와 이단들과

자신의 욕심과 정욕과 싸워 끝까지 승리하자.

갈 5:24/"예수 그리스도의 사람들은 그 정과 탐심을 십자가에 못 박았느니라."
마 24:13/"그러나 끝까지 견디는 자는 구원을 얻으리라"

천국은 믿음과 기도와 말씀으로 악령들을 이긴 자만이
들어갈 수 있는 영생하는 영광스런 나라라.
우리 모두 능력의 말씀으로 믿음과 기도의 힘으로 끝까지 선한 싸움에 승리하여 하나님의 보좌 앞에서 기쁨으로 찬양하며 만나자.

계 3:5/" 이기는 자는 이와 같이 흰 옷을 입을 것이요 내가 그 이름을 생명책에서 반드시 흐리지 아니하고 그 이름을 내 아버지 앞과 그 천사들 앞에서 시인하리라."

사랑하는 자 됨이라

살전 2:8,
우리가 이같이 너희를 사모하여 하나님의 복음으로만 아니라 우리 목숨까지
너희에게 주기를 즐겨함은 너희가 우리의 사랑하는 자 됨이니라.

세상에는 사랑이 필요한 이들이 여전히 많고,
그들을 위해 먼저 된 우리가 할 일도 많습니다.
우리가 사랑의 마음으로 들인 수고와 노력으로
분명 그들은 하나님의 나라와 영광에 이르게 될 것입니다.
바울은 어떤 방법으로 성도들을 사랑했는지 보여줍니다.
먼저, 그는 목숨까지도 내줄 수 있을 만큼
사랑했습니다(살전 2:8)
최초의 순교자 스데반도 자신을 향해 돌을 던지는 자들의
죄 사함을 위해 마지막 순간까지 기도하며 숨을 거두었습니다.
이런 사랑은 내 안에 하나님의 사랑이 있어야 가능합니다.

그리스도의 사랑의 마음은 기독교 신앙의 핵심적인 개념으로,
예수 그리스도가 보여준 희생과 헌신,
그리고 무조건적인 사랑을 의미합니다.

이는 단순한 감정을 넘어, 인간의 이해를 초월하는 깊고 넓은 사랑을 나타냅니다.

그리스도 사랑의 마음의 주요 특징

1. 희생적인 사랑

그리스도의 사랑은 자기 자신을 희생하여 다른 사람을 구원하는 데서 나타납니다. 십자가에서의 죽음은 인간에 대한 하나님의 극적인 사랑을 보여주는 증거입니다.

2. 무조건적인 사랑

그리스도의 사랑은 자격이나 조건을 따지지 않고 모든 사람에게 베풀어집니다. 죄인, 병든 자, 소외된 자 등 누구에게나 차별 없이 사랑을 베푸셨습니다.

3. 용서와 화해

그리스도의 사랑은 용서와 화해를 통해 관계를 회복시키는 힘을 가지고 있습니다. 원수를 사랑하고 용서하라는 가르침은 이러한 사랑의 본질을 보여줍니다.

4. 섬김과 헌신

그리스도의 사랑은 다른 사람을 섬기고 헌신하는 모습으로 나타납니다. 낮은 자의 모습으로 섬기는 것은 그리스도의 사랑을 실천하는 중요한 방식입니다.

5. 긍휼과 연민
그리스도의 사랑은 고통받는 사람들에 대한 깊은 긍휼과 연민을 포함합니다. 병자를 치유하고 슬퍼하는 자와 함께 울어주시는 모습은 이러한 사랑을 보여줍니다.

그리스도의 사랑의 마음을 배우고 실천하는 방법

1. 성경을 통해 그리스도의 사랑을 묵상
성경을 읽고 묵상하며 그리스도의 사랑을 깊이 이해해야 합니다.

2. 기도를 통해 사랑을 구하기
하나님께 그리스도의 사랑을 닮은 마음을 달라고 기도해야 합니다.

3. 이웃을 사랑하고 섬기기
주님께서 우리를 사랑하신 것처럼 이웃을 사랑하고 섬겨야 합니다.

4. 용서와 화해를 실천하기
용서하기 어려운 사람들을 용서하고 화해를 위해 노력해야 합니다.

5. 긍휼과 연민을 나누기
고통을 받는 사람들에게 긍휼과 연민을 나누고 도움을 주어야 합니

다. 그리스도의 사랑의 마음은 우리 삶의 모든 영역에서 실천되어야
하며, 이를 통해 세상에 하나님의 사랑을 전할 수 있습니다.

예수님도 베드로에게 세 번이나 사랑하는지를 물으신 후에,
"내 양을 치라."고 하셨습니다.
주님을 사랑하면 이웃을 사랑하게 됩니다.
바울은 사랑하는 자에게 복음을 전했습니다(살전 2:9).
바울이 생명을 바쳐 복음을 전한 것은
그들을 사랑했기 때문입니다.
사랑과 복음은 결코 따로 뗄 수 없습니다.
사랑하는 자에게 복음을 전하는 것은 당연하지요.
아직도 너무나 많은 이들이 주님을
알지 못한 채 살아가고 있습니다.

그들을 사랑하는 방법은 복음 전파입니다.
바울은 권면하고 위로하며 경계 했습니다(살전 2:11).
자녀가 사랑스러울수록 올바르게 나아가도록
교훈과 책망으로 교육하는 법입니다.
바울은 성도 한 사람 한 사람을 대할 때
부모가 자녀에게 하듯 했다고 고백합니다.
그리고 이것은 그들을 불러 당신의 나라와
영광에 이르게 하시는 하나님께
합당하게 살아가게 하려는 것이라고 합니다.

하나님의 사랑을 받았으니 빚진 자의 마음으로
사랑을 위한 한 알의 밀알이 되기를 간절히 소망합니다.
하나님! 나를 향한 넘치는 사랑에 감사를 드립니다.

주님이 부어주시는 사랑으로 내 안이 가득 차게 하옵소서.
그래서 사랑의 눈으로 보고,
사랑의 귀로 들으며,
사랑의 마음으로 말하게 하옵소서.
사랑을 위한 한 알의 밀알이 되어
풍성한 열매를 맺게 하시옵소서.
예수 그리스도의 이름으로 기도합니다. 아멘

거룩하고 흠이 없게

살전 3:13,
너희 마음을 굳게 하시고 우리 주 예수께서 그의 모든 성도와 함께 강림하실 때에 하나님 우리 아버지 앞에서 거룩함에 흠이 없게 하시기를 원하노라.

"세상으로부터 자신을 깨끗이 지키고 거룩하신 그리스도를
닮아가게 하는 삶을 위해 성령의 계속적인 정화작업이다."

우리가 예수님 안에서 그의 피로 속죄를 받았지만
지금도 우리가 여전히 날마다 범죄하기 때문에
현재의 우리의 구원은 완성된 구원이 아니다
우리가 주님 앞에 설 때까지 주의 말씀에 순종하며
날마다 죄를 회개하고 세속에 물들지 않도록
자기를 지켜 깨끗하게 하며 두려움과 떪으로 구원을 이루며 날마다
순간마다 거룩함으로 삶과 영이 성화 되어 가야 한다.

빌 2:12/"그러므로 나의 사랑하는 자들아 너희가 나 있을 때뿐 아니라 더욱 지금 나 없을 때에도 항상 복종하여 두렵고 떨림으로 너희 구원을 이루라."

1. 하나님의 거룩성

벧전 1:16/"기록하였으되 내가 거룩하니 너희도 거룩하게하라."

살전 4:3/"하나님의 뜻은 이것이니 너희의 거룩함이라."

벧전 1:15/"오직 너희를 부르신 거룩한 자처럼 너희도 모든 행실에 거룩한 자가 되라."

2. 진리의 말씀으로 거룩함을 입음

요 17:17/"그들을 거룩하게 하옵소서 아버지의 말씀은 진리이니다."

요 17:19/"또 그들을 위하여 내가 나를 거룩하게 하오니 이는 그들도 진리로 거룩함을 얻게 하려 함이니이다."

레 11:44/"나는 여호와 너희 하나님이라 내가 거룩하니 너희도 몸을 구별하여 거룩하게 하고."

벧전 3:15/"너희 마음에 그리스도를 주로 삼아 거룩하게 하고."

3. 영생에 이르기까지 악한 세상에서 자기를 지키며 그리스도의 긍휼을 기다림

유 1:20-21/"사랑하는 자들아 너희는 너희의 지극히 거룩한 믿음 위에 자기를 건축하며 성령으로 기도하며 하나님의 사랑 안에서 자기를 지키며 영생에 이르도록 우리 주 예수 그리스도의 긍휼을 기다리라."

4. 너희 몸은 하나님의 성령이 거하시는 거룩한 성전임을 알라

고전 3 16-17/"너희가 하나님의 성전인 것과 하나님의 성령이 너희 안에 거하시는 것을 알지 못하느냐 누구든지 하나님의 성전을 더럽히면 하나님이 그 사람을 멸하시리라 하나님의 성전은 거룩하니 너희도 그러하니라."

5. 예수님의 구원의 은혜를 입은 자는 세상에 물들지 아니하고 성령의 새롭게 하시는 은총 속에 날마다 자신을 깨끗하게 하라.

고후 7:1/"그런즉 사랑하는 자들아 이 약속을 가진 우리는 하나님을 두려워하는 가운데서 거룩함을 온전히 이루어 육과 영의 온갖 더러운 것에서 자신을 깨끗하게 하자."

살전 3:13/"너희 마음을 굳건하게 하시고 우리 주 예수께서 그의 모든 성도와 함께 강림하실 때에 하나님 우리 아버지 앞에서 거룩함에 흠이 없게 하시기를 원하노라."

고전 1:30-31/"너희는 하나님으로부터 나서 그리스도 예수 안에 있고 예수는 하나님으로부터 나와서 우리에게 지혜와 의로움과 거룩함과 구원함이 되셨으니 기록된 바 자랑하는 자는 주 안에서 자랑하라 함과 같게 하려 함이라."

6. 우리를 거룩하게 하시려고 징계하신 하나님

히 12:10-11/"그들은 잠시 자기의 뜻대로 우리를 징계하였거니와 오직 하나님은 우리의 유익을 위하여 그의 거룩하심에 참여하게 하시느니라 무릇 징계가 당시에는 즐거워 보이지 않고 슬퍼 보이나 후에 그로 말미암아 연단 받은 자들은 의와 평강의 열매를 맺느니라."

한마디로 하나님의 자녀들은 이 세상에서 착하게
의롭고 진실하게 살아야 합니다.

약 1:27/"자기를 지켜 세속에 물들지 아니하는 이것이니라"

계 22:11/"거룩한 자는 그대로 거룩하게 하라"

딤전 4:5/"말씀과 기도로 거룩하여 짐이라"

요일 3:3/"주를 향하여 이 소망을 가진 자마다 그의 깨끗하심과 같이 자기를 깨끗하게 하느니라."

시 51:10/"하나님이여 내 속에 정한 마음을 창조하시고 내 안에 정직한 영을 새롭게 하소서."
엡 4:22-24/"너희는 유혹의 욕심을 따라 썩어져 가는 구습을 좇는 옛 사람을 벗어 버리고 오직 심령으로 새롭게 되어 하나님을 따라 의와 진리의 거룩함으로 지으심을 받은 새 사람을 입으라."

소명부터~양자까지는 하나님의 단독사역에 의해
순간적으로 이루어진 구원 작업임에 비하여
성화(거룩하게 함)는 인간의 내부 생활에서
지속적으로 이루어지는 점진적[신인협동]으로 이루어진다.
우리가 중생함을 받은 그 순간부터 죽는 날까지
성령의 감동 감화의 역사로, 회개하므로
깨끗함을 받는 인간의 성화의 과정에 들어간다.
성화는 장기적인 과정을 거쳐 저 높은 곳을 향해
나아가는 재 창조적인 성결작업이다.
성도는 그가 살아있는 한 성령의 능력으로
죄와 더불어 계속적인 투쟁을 해야 한다.
사도 바울은 "나는 날마다 죽노라"고 하였다.

회개하는 자는 용서받음
요일 1:9/"만일 우리가 우리 죄를 자백하면 저는 미쁘시고 의로우사 우리 죄를 사하시며 모든 불의에서 우리를 깨끗케 하실 것이요."

성화와 선행, 참 성화 된 증거는 선행의 열매로 알 수 있다.
성화는 내적이고 외적인 변화이니 몸과 마음의 전인적인 변화이다.

좋은 일을 한다고 다 선행이 아니다.
오직 하나님의 뜻(말씀) 대로 순종하여 충성하며
하나님의 영광을 위하여 사는 삶이 참 선행이다.

그리스도의 성품에 참예하는 자가 되자.

벧후 1:4-7/"이로써 그 보배롭고 지극히 큰 약속을 우리에게 주사 이 약속으로 말미암아 너희로 정욕을 인하여 세상에서 썩어질 것을 피하여, 신의 성품에 참예하는 자가 되게 하려 하셨으니 이러므로 너희가 더욱 힘써 너희 믿음에 덕을, 덕에 지식을, 지식에 절제를, 절제에 인내를, 인내에 경건을, 경건에 형제우애를, 형제우애에 사랑을 공급하라."

하나님의 날을 사모하며 기다리는 삶.

벧후 3:13-14/"우리는 그의 약속대로 의의 거하는 바 "새 하늘과 새 땅을 바라보도다 그러므로 사랑하는 자들아, 너희가 이것을 바라보나니 주 앞에서 점도 없고 흠도 없이 평강 가운데서 나타나기를 힘쓰라."

계 22:14/"그 두루마기를 빠는 자들은 복이 있으니 저희가 생명나무에 나아가 문들을 통하여 성에 들어갈 권세를 얻으려 함이니라."

계 19:7-8/"우리가 즐거워하고 크게 기뻐하여 그에게 영광을 돌리세 어린양의 혼인 기약이 이르렀고 그 아내가 예비하였으니 그에게 허락하사 빛나고 깨끗한 세마포를 입게 하였은즉 이 세마포는 성도들의 옳은 행실이로다."

주께서 영광 중에 강림하실 때까지...

살전 5:23-24/"평강의 하나님이 친히 너희를 온전히 거룩하게 하시고 또 너희의 온 영과 혼과 몸이 우리 주 예수 그리스도께서 강림하실 때에 흠 없게 보전되기를 원하노라 너희를 부르시는 이는 미쁘시니 그가 또한 이루시리라."

온갖 죄와 허물로 더렵혀진 나를 주님의 보혈로
거룩하게 하시고 날마다 거룩하게 살도록 인도하시고
또 나를 거룩한 몸과 마음으로 이루실 주님께
감사와 찬송과 영광을 올려드립니다.
주께서 내게 주신 의의 흰 세마포(혼인예복)를
날마다 눈물로 회개함으로 주의 피로 씻음 받아
깨끗함을 입어 주님의 거룩한 형상을 닮아가는
순결한 신부로서 아름답게 성화 되는
거룩한 성결의 삶을 살아가게 하소서.

주여! 나는 연약하오니 나를 붙드시고
나를 용서하사 보혈로 성결하게 하시고
영광에 이르도록 날마다 거룩하게 하옵소서.
하나님의 영광스런 나라는 주의 보혈로 속죄함 받은
거룩한 자만이 갈 수 있는 곳이요
그곳엔 거룩한 자들만이 살 수 있는 곳이다.

온전한 믿음의 사람

히 10:22,
우리가 마음에 뿌림을 받아 양심의 악을 깨닫고 몸을 맑은 물로 씻었으니 참 마음과 온전한 믿음으로 하나님께 나아가자.

온전한 믿음이란 흔들림 없는 확신과 신뢰를 의미합니다. 이는 단순한 믿음을 넘어, 어떠한 상황에서도 변치 않는 깊고 강한 믿음을 뜻합니다. 온전한 믿음은 다양한 맥락에서 사용될 수 있으며, 그 의미는 상황에 따라 조금씩 달라질 수 있습니다.

1. 종교적 맥락에서의 온전한 믿음
- 하나님에 대한 절대적인 신뢰: 어떠한 시련과 어려움 속에서도 하나님의 존재와 능력을 의심하지 않고, 그 뜻을 따르는 믿음입니다.
- 성경적 의미: 물질이나 인간적인 것을 의지하지 않고 오직 그리스도의 공로만을 의지하는 믿음입니다.

2. 일상생활에서의 온전한 믿음
- 사람에 대한 믿음: 상대방의 진실성과 능력을 의심하지 않고, 깊이 신뢰하는 믿음입니다.

- 자신에 대한 믿음: 자신의 능력과 가능성을 확신하고, 어떠한 어려움에도 굴하지 않고 목표를 향해 나아가는 믿음입니다.
- 어떤 것에 대한 믿음: 어떤 상황에서도 변하지 않을 것이라는 믿음으로 예를 들어, 자연에 대한 믿음, 과학에 대한 믿음 등이 있습니다.

3. 온전한 믿음의 특징
- 흔들리지 않는 확신: 외부의 영향이나 상황 변화에 따라 변하지 않는 견고한 믿음입니다.
- 절대적인 신뢰: 의심이나 불안 없이 대상을 완전히 믿고 의지하는 마음입니다.
- 깊은 헌신: 믿음에 따라 자신의 모든 것을 바쳐 헌신하는 태도입니다.
- 어떠한 상황에서도 변치 않는 믿음: 욥의 온전한 신앙처럼 상황에 따라 변하는 것이 아니라 어떤 상황에서도 신뢰하고 주권을 인정하는 것입니다.

약 2:22/"네가 보거니와 믿음이 그의 행함과 함께 일하고 행함으로 믿음이 온전케 되었느니라."

4. 온전한 믿음의 중요성
- 어려움을 극복하는 힘: 온전한 믿음은 어려운 상황에서도 희망을 잃지 않고, 문제를 해결할 수 있는 용기를 줍니다.
- 성공의 원동력: 온전한 믿음은 목표를 달성하기 위한 강력한 동기가 됩니다.

- 행복한 삶의 기반: 온전한 믿음은 마음의 평화와 안정을 가져다주고, 행복한 삶을 만드는 데 기여합니다.

딛 1:13/"이 증거가 참되도다. 그러므로 네가 저희를 엄히 꾸짖으라 이는 저희로 하여금 믿음을 온전케 하고."
히 12:2/"믿음의 주요 또 온전케 하시는 이인 예수를 바라보자 저는 그 앞에 있는 즐거움을 위하여 십자가를 참으사 부끄러움을 개의치 아니하시더니 하나님 보좌 우편에 앉으셨느니라."

믿음의 정의

히 11:1,
믿음은 바라는 것들의 실상'이요 보지 못한 것들의 증거니.

믿음과 구원은 하나님의 선물이다.
엡 2:8/"너희가 그 은혜를 인하여 믿음으로 말미암아 구원을 얻었나니 이것이 너희에게서 난 것이 아니요 [하나님의 선물]이라."
행 13:48/"영생을 주기로 작정된 자는 다 믿더라."

믿음은 지난날의 죄를 모두 벗어버리고
보혈로 속죄하신 주 예수만 앙망하고
오직 예수 그리스도만이 나의 구원자임을 확신하는 마음이다.

마음으로 믿어 의에 이르고 입으로 시인하여
구원을 얻는 믿음이 있다
롬 10:9-10/"네가 만일 네 입으로 예수를 주로 시인하며 또 하나님께서 그를 죽은 자 가운데서 살리신 것을 네 마음에 믿으면 구원을 받으리라 사람이 마음으로 믿어 의에 이르고 입으로 시인하여 구원에 이르느니라.
롬 1:17/"오직 의인은 믿음으로 말미암아 살리라."

예수를 믿는 것이 하나님의 일이라
요 6:29/"하나님의 보내신 자를 믿는 것이 하나님의 일이니라."

믿음은 확신이다
요 14:1/"하나님을 믿으니 또 나(예수)를 믿으라."
이러한 말씀에 근거하여 [이신득의, 이신득구] 라는 말을 하게 된다.

성도는 예수를 믿어야 의롭게 되고
예수를 믿어야 구원을 받는다
성도는 예수를 구주로 믿어야 살고
구주로 믿어야 천국에 간다.
우리의 믿음은 예수님의 십자가의 피의 속죄와
예수 그리스도의 부활을 믿는 믿음이다.
롬 1:16/"이 복음은 (십자가와 부활) 모든 믿는 자에게 구원을 주시는 하나님의 능력이 됨이라."

믿음과 구원의 관계

1. 구원의 주체 =
- 하나님 아버지,
- 예수 그리스도,
- 성령님,
성 삼위 하나님이시다.

2. 구원의 대상 =
- 죄인(나 자신)
- 구원받기로 작정 된 자

3. 구원의 내용 =
예수 그리스도의 십자가와 부활이다

4. 구원의 조건 = 오직 믿음 뿐이다.
- 하나님의 선물, 엡 2:8

5. 구원의 결과 =
영광스런 하늘나라에서 주님과 함께 영생하는 것이다.

6. 믿음과 행위의 관계
약 2:22/"네가 보거나와 믿음이 그의 행함과 함께 일하고 행함으로 믿음이 온전함이 되었느니라."

믿음과 행함이 항상 동반되어야 한다.
약 2:26/"영혼 없는 몸이 죽은 것 같이 행함이 없는 믿음은 죽은 것이니라."

하나님께서 성령을 통하여 회개하게 하시고
예수를 믿는 믿음을 선물로 주시고
우리로 구원을 얻게 하심은
성령의 초자연적 능력에서 이루어지게 된 것이다.

믿음의 종류

1. 일시적인 믿음(피상적인 믿음)

성령의 감동으로 믿는 것이 아니라 단순한 지식으로 알거나 감정적으로 믿는 신앙이다.
이적이나 은사를 보고 잠시 감탄하여
수긍하는 행위이다. 이런 믿음은 구원에 이르지
못하는 믿음이다
- 길 가에 뿌려진 씨 = 새(마귀)가 와서 주어먹어 버림.
- 돌밭에 뿌려진 씨 = 환난이나 핍박을 받을 때에 곧 넘어짐.
- 가시밭에 뿌려진 씨 = 세상 염려와 재리의 유혹에 넘어간 자.(열매가 없는 믿음)

2. 구원에 이르는 믿음
- 옥토에 뿌려진 씨

30배 60배 100배의 결실을 맺는 자

요 15:8/"너희가 과실(전도)을 많이 맺으면 내 아버지께서 영광을 받으실 것이요 너희는 내 제자가 되리라."
마 24:13/"그러나 끝까지 견디는 자는 구원을 얻으리라."

믿음은 영광스런 구원에 도달해야 참 믿음이다.

성령의 감동으로 얻는 구원적인 온전한 믿음

- 예수는 그리스도시요 살아계신 하나님의 아들 되심이 믿어지고
- 예수님이 나의 구주로 믿어지고
- 주의 십자가의 보혈로 내가 속죄함을 받았음이 믿어지고
- 주의 부활과 승천하심이 믿어지고 예수님은 지금 하나님 보좌 우편에 앉아 계심이 믿어지고
- 주님이 지금도 보좌 우편에서 나의 믿음이 떨어지지 않기를 기도하고 계심이 믿어지고
- 심판의 권세를 가지고 선인과 악인을 심판하시려 다시 오실 것을 믿어지고
- 하나님 아버지의 집 영광스런 천국에 들어가게 됨을 믿어지고
- 하나님의 진리의 말씀이 온전히 믿어지고
- 자신이 정말 구원받았음을 마음에 확신하여 믿어지고 믿어짐

주를 위해서 죽음을 불사하고 죽도록 충성하며
끝까지 믿는 것이 참 믿음이다.

베드로의 믿음의 고백

마 16:16/"주는 그리스도시요 살아계신 하나님의 아들이로소이다."

믿음의 특성(목적)=믿음은 곧 '삶'이다.(요 5:24, 20, 31)
영원히 살고자 하는 것이다.
요 6:40/"내 아버지의 뜻은 아들을 보고 믿는 자마다 영생을 얻는 이것이니라."

사도신경을 믿는 신앙

우리는 사도신경을 믿고 날마다 고백한다.

이단들은 사도신경을 믿지도 않고
입으로 고백하지 않고 시인하지도 않고
그들의 모임에는 사도신경을 고백하지 않는다.
이로써 바른 믿음인가, 이단인가, 를 분별해야 한다.

믿음의 능력 = 구원을 얻음
빌 4:13/"내게 능력을 주시는 자 안에서 내가 모든 것을 할 수 있느니라."
마 9:22/"딸아 안심하라 네 믿음이 너를 구원하였다, 네 믿음대로 될지어다."

하나님을 기쁘시게 하는 믿음
히 11:6/"믿음이 없이는 하나님을 기쁘시게 하지 못하나니 하나님께 나아가는 자는 반드시 그가 계신 것과 또한 그가 자기를 찾는 자들에게 상 주시는 이심을 믿어야 할지니라."

그러므로 예수 그리스도를 믿는 자는
날마다 연약하여 범죄 한 일들을
그때마다 순간마다 철저하게 회개하므로
주의 피로 깨끗함을 받아 의롭고 거룩함을 위하여
날마다 두려움과 떨므로 구원을 이루며 살아야합니다.

빌 2:12/"그러므로 나의 사랑하는 자들아 너희가 나 있을 때 뿐 아니라 더욱 지금 나 없을 때에도 항상 복종하여 두렵고 떨림으로 너희 구원을 이루라."

산 순교자

히 11:38,
(이런 사람은 세상이 감당치 못하도다)저희가 광야와 산중과 암혈과 토굴에 유리하였느니라.

세상이 감당하지 못할 사람들.
주님의 십자가 복음을 위하여 제자들의 신앙과
순교의 현황. 제자들의 신앙과 순교
우리는 사나 죽으나 주의 것이라

롬 14:7-9/"우리 중에 누구든지 자기를 위하여 사는 자가 없고 자기를 위하여 죽는 자도 없도다 우리가 살아도 주를 위하여 살고 죽어도 주를 위하여 죽나니 그러므로 사나 죽으나 우리가 주의 것이로다 이를 위하여 그리스도께서 죽었다가 다시 살아나셨으니 곧 죽은 자와 산 자의 주가 되려 하심이라."

앞서간 성도들의 순교적인 삶
- 세상이 감당하지 못할 사람들

히 11:33-38/"그들은 믿음으로 나라들을 이기기도 하며 의를 행하기도 하며 약속을 받기도 하며 사자들의 입을 막기도 하며 불의 세력을 멸하기도 하며 칼날을 피하기도 하며 연약한 가운데서 강하게 되기도 하며 전쟁에 용감하게 되어 이방 사람들의 진을 물리치기도 하며 여자들은 자기의 죽은 자들을 부활로 받아들이기도 하며 또 어떤 이들은 더 좋은 부활을 얻고자 하여 심한 고문을 받되 구차히 풀려나기를 원하지 아니하였으며 또 어떤 이들은 조롱과 채찍질뿐 아니라 결박과 옥에 갇히는 시련도 받았으며 돌로 치는 것과 톱으로 켜는 것과 시험과 칼로 죽임을 당하고 양과 염소의 가죽을 입고 유리하여 궁핍과 환난과 학대를 받았으니 그들이 광야와 산과 동굴과 토굴에 유리하였느니라 이런 믿음의 삶을 사는 사람들은 [이 세상이 감당하지 못할 자들]이라."

바울의 신앙과 삶과 죽음 =
"내가 그리스도를 본받는 자 된 것 같이 너희는 나를 본받는 자 되라."
바울은 로마에서 복음을 전하다가 단두대에 목베임을 받아 순교.
요일 3:16/"그가 우리를 위하여 목숨을 버리셨으니 우리가 이로써 사랑을 알고 우리도 형제들을 위하여 목숨을 버리는 것이 마땅하니라."

순교의 특징
- 신앙의 증거: 순교는 신앙의 진실성과 헌신을 증명하는 가장 강력한 행위로 여겨집니다.
- 고난과 희생: 순교는 고문, 박해, 죽음 등 극심한 고통과 희생을 수반합니다.
- 자발적 선택: 순교는 강요가 아닌, 자신의 의지에 따라 신념을 지키기 위해 선택하는 행위입니다.
- 영적인 가치: 순교는 종교적으로 높은 가치를 지니며, 순교자는 신앙 공동체에서 존경받는 인물로 여겨집니다.

중심을 잡으라

히 12:1-2,
1. 이러므로 우리에게 구름같이 둘러싼 허다한 증인들이 있으니 모든 무거운 것과 얽매이기 쉬운 죄를 벗어 버리고 인내로써 우리 앞에 당한 경주를 경주하며
2. 믿음의 주요 또 온전케 하시는 이인 예수를 바라보자 저는 그 앞에 있는 즐거움을 위하여 십자가를 참으사 부끄러움을 개의치 아니하시더니 하나님 보좌 우편에 앉으셨느니라.

나이가 칠십이 넘으면 넘어짐. 흔들림, 떨어트림. 깜박깜박. 몸과 마음이 따로따로 이러한 형상을 경험하게 됩니다. 이는 중심을 잃어버린 증상입니다,

오늘 저는 "중심을 잡으라"라는 주제로 말씀을 나누고자 합니다. 우리 인생의 여정 속에서, 우리는 무수한 도전과 유혹, 그리고 시련을 만나게 됩니다. 그럴 때마다 우리는 무엇보다도 중심을 잡고 나아가야 합니다.

마음은 원인데 육신이 약하여 주님의 사역을 그르치지. 않도록 늘 깨어있기를 기도합니다.

1. 믿음의 경주를 향하여

히브리서 12장 1절은 우리에게 이렇게 말씀합니다:
"우리도 이처럼 구름 떼와 같이 둘러싸인 모든 무거운 것과 얽매이기 쉬운 죄를 벗어버리고 인내로써 우리에게 주어진 경주를 하며."

우리의 인생은 마치 경주와도 같습니다. 여러 고난과 시험이 우리를 감싸고 있지만, 우리는 그것을 뛰어넘어야 합니다. 중심을 잡는다는 것은 우리의 목적과 목표를 의식하고 그것을 향해 정진하는 것입니다.

2. 주님을 바라보라

2절 말씀은 "믿음의 주여 온전하게 하시는 예수를 바라보자"라고 말씀하고 있습니다.

우리의 중심이 어디에 있는지를 점검해야 합니다. 주님을 바라보는 것이야말로 우리의 중심을 잡는 가장 확실한 방법입니다. 세상의 소음과 혼란 속에서, 주님을 바라보며 우리의 시선을 고정할 때, 우리는 흔들리지 않을 수 있습니다. 주님은 우리의 믿음을 온전하게 하시는 분입니다. 그분을 바라보며 성장하고 성숙해가는 삶을 살아야 합니다.

3. 지속적인 훈련과 준비

중심을 잡으려면 지속적인 훈련이 필요합니다. 영적 훈련, 말씀 묵상, 기도는 우리의 믿음을 더욱 굳건하게 만들어 주는 요소입니다. 훈련 없이 중심을 잡기란 불가능합니다. 하루하루 그리스도를 닮아가는 삶을 살기 위해서는 우리의 마음과 영을 늘 하나님께 집중해야 합니다.

운동선수가 끊임없이 땀을 흘리며 훈련을 하는 것은 중심을 잡아가기 위한 훈련입니다.

균형 잡힌 나를 위하여
영적으로 황금비율에 조화를 이르는 삶의 모형은,

딤전 5:23/"**평강의 하나님이 친히 너희로 온전히 거룩하게 하시고 또 너희 온 영과 혼과 몸이 우리 주 예수 그리스도 강림하실 때에 흠 없게 보전되기를 원하노라.**"

사랑하는 성도 여러분,
우리가 당면한 여러 문제와 어려움 속에서도,
우리는 반드시 중심을 잡아야 합니다.
믿음을 가지고 주님을 바라보며,
인내와 훈련을 통하여 나아갑시다.
주님께서 주신 그 놀라운 약속을 붙잡고,
그분의 인도하심에 따라 걸어가길 소망합니다.
회복되고 새로워진 우리의 중심이,
이 세상에서 하나님의 영광을 드러내는
도구가 되기를 기도합니다. 아멘.

마귀를 대적하라

벧전 5:8-9,
8. 근신하라 깨어라 너희 대적 마귀가 우는 사자같이 두루 다니며 삼킬 자를 찾나니
9. 너희는 믿음을 굳게 하여 저를 대적하라 이는 세상에 있는 너희 형제들도 동일한 고난을 당하는 줄을 앎이니라.

성도여! 영광스런 천국에 이를 때까지
말씀과 믿음 위에 굳게 서라
지금은 말세지말에 마귀들은 도처에서
심령이 어두운 영혼들을 마구잡이로 삼키고 있도다
성경에 마지막 시대는 사탄 마귀가
택한 백성 중에 한 사람이라도 더 삼키려고
배고파 우는 사자처럼 삼킬 자를 찾아
동분서주할 것이라 하였는데 바로 지금이 그 때라

마귀의 먹이감이 누구인가
성령을 받지 못한 자들, 무지한 자들,
어리석은 자들, 육에 속한 자들,

분별력이 없는 자들, 돈에 눈먼 주의 종들,
돈에만 집착한 신자들, 향락에 눈먼 자들,
거짓을 참인 줄로 믿는 자들,
육이 죽지 않고 천국에 가기 원한 자들,
사람을 신으로 믿는 자들,
호기심에 빠진 자들, 나쁜 친구를 사귄자들,
얄팍한 친절과 재물의 도움과 선물에 마음이 유혹된 자들,

예수 그리스도의 십자가의 복음을 깊이 알지 못한 자들,
하나님의 인침을 받지 못한 자들,
이들은 모두 사탄 마귀에게 삼킴을 받게 될 자들이라

성도여,
오직 예수!
오직 말씀!
오직 성령의
인도함을 받으라!

사탄 마귀를 대적하고 선한 싸움에 날마다 승리하고
끝까지 믿음을 지키는 자만이 구원을 얻으리라.
주님 오실 날이 심히 가까웠도다
마음을 열고 영의 눈을 뜨고 깨어 일어나라.
사랑하는 자여! 우리 모두 날마다 순간마다

십자가의 보혈의 능력으로 성령의 충만한 능력으로
말씀과 믿음으로 끝까지 승리하여
영광스런 천국, 찬란한 아버지 집,
하나님 보좌 앞으로 찬송하며 함께 나아가자.

마 24:13/"그러나 끝까지 견디는 자는 구원을 얻으리라."

선한 싸움에 승리자가 되자
딤후 4:7~8/"나는 선한 싸움을 싸우고 나의 달려갈 길을 마치고 믿음을 지켰으니 이제 후로는 나를 위하여 의의 면류관이 예비되었으므로 주 곧 의로우신 재판장이 그 날에 내게 주실 것이며 내게만 아니라 주의 나타나심을 사모하는 모든 자에게도니라."

성경에는 마귀를 대적하라는 다양한 말씀이 기록되어 있습니다. 그중 대표적인 구절과 그 의미를 살펴보겠습니다.

1. 야고보서 4:7 :
"그런즉 너희는 하나님께 복종할지어다 마귀를 대적하라 그리하면 너희를 피하리라."
- 이 구절은 마귀를 대적하기 전에 먼저 하나님께 복종하는 것이 중요함을 강조합니다. 하나님과의 올바른 관계를 통해 마귀의 공격을 이겨낼 수 있다는 의미입니다.

2. 베드로전서 5:8-9 :
"근신하라 깨어라 너희 대적 마귀가 우는 사자 같이 두루 다니며 삼킬 자를 찾나니 너희는 믿음을 굳건하게 하여 그를 대적하라 이는 세상에 있는 너희 형제들도 동일한 고난을 당하는 줄을 앎이라."
- 이 구절은 마귀의 위험성을 경고하며, 믿음을 굳건히 하여 마귀를 대적해야 함을 강조합니다. 또한, 혼자가 아닌 공동체와 함께 어려움을 이겨낼 수 있다는 것을 나타냅니다.

3. 에베소서 6:10-18 :
"끝으로 너희가 주 안에서와 그 힘의 능력으로 강건하여지고 마귀의 간계를 능히 대적하기 위하여 하나님의 전신 갑주를 입으라."
- 이 구절은 마귀의 공격에 맞서 싸우기 위해 하나님의 전신 갑주, 즉 진리의, 평안, 믿음, 구원, 말씀, 기도로 무장해야 함을 설명합니다.

마귀를 대적하는 방법
- 하나님께 복종: 하나님과의 관계를 통해 힘을 얻고 마귀의 공격을 이겨낼 수 있습니다.
- 믿음을 굳건히: 흔들리지 않는 믿음으로 마귀의 유혹과 공격에 맞서야 합니다.
- 하나님의 전신 갑주를 입음: 성경 말씀과 기도로 무장하여 영적인 싸움에서 승리해야 합니다.
- 공동체와 함께: 혼자가 아닌 교회 공동체와 함께 어려움을 이겨내고 서로 격려해야 합니다.

이러한 성경 말씀과 방법을 통해서 우리는 마귀의 공격을 이겨내고 하나님 안에서 승리하는 삶을 살 수 있습니다.

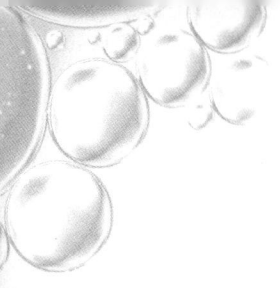

큰 약속을 받은 자

벧후 1:4.
이로써 그 보배롭고 지극히 큰 약속을 우리에게 주사 이 약속으로 말미암아 너희로 정욕을 인하여 세상에서 썩어질 것을 피하여 신의 성품에 참예하는 자가 되게 하려 하셨으니

나는 하나님께 보배롭고 지극히 큰 약속을 받은 자라.

하나님의 부르심을 받은 자에게 이루실 약속은
양자의 영을 받아 상속자로서 하늘나라의 유업의 상을 받을 것과 예수 그리스도의 영원한 나라에 넉넉히 들어가게 하실 약속과 세상과 사탄의 이길 신기한 능력을 주실 약속과 생명과 경건에 속한 모든 것을 주실 약속과 주님 재림하실 때 우리의 낮은 몸을 그리스도의 거룩한 몸의 형체와 같이 변화시켜주실 약속을 받았습니다.

하늘나라의 시민권을 주실 약속
하나님의 그 보배롭고 지극히 큰 약속을
은혜로 받은 자여!

그리고 그 약속을 이루어 주실 것을 믿고 기다리는 자여!
너희 정욕과 탐욕과 세상의 썩어질 것을 피하고
신의 성품에 참여한 자가 되라.

벧후 1:2-4/"하나님과 우리 주 예수를 앎으로 은혜와 평강이 너희에게 더욱 많을지어다 그의 신기한 능력으로 생명과 경건에 속한 모든 것을 우리에게 주셨으니 이는 자기의 영광과 덕으로써 우리를 부르신 이를 앎으로 말미암음이라 이로써 그 보배롭고 지극히 큰 약속을 우리에게 주사 이 약속으로 말미암아 너희가 정욕 때문에 세상에서 썩어질 것을 피하여 신성한 성품에 참여하는 자가 되게 하려 하셨느니라."

벧후 1:4-7/"너는 이 세상의 정욕을 인하여 세상의 썩어질 것을 피하고 신의 성품에 참예한 자가 되라 더욱 힘써 믿음의 덕을, 덕에 지식을, 지식에 절제를, 절제에 인내를, 인내에 경건을, 경건에 형제 우애를, 형제 우애에 사랑을 공급하는 자가 되라."

예수 그리스도를 알기에 게으르지 말고
열매 없는 자가 되지 말고 부르심과 택하심에
합당한 자로서 주께서 우리에게 마지막 부탁하신
십자가의 복음을 위하여 눈물로 씨 뿌림과
물주는 일과 자라게 함과 추수의 기쁨의 열매를
풍성히 거두기 위하여 험한 산을 넘고
풍랑이 이는 바다와 급히 흐르는 강물을
건너야 할 위험한 곳도 험한 가시밭과
엉겅퀴로 뒤덮인 깊은 산골짜기에도
환난과 핍박과 역경과 수욕과 조롱과 수모와 멸시와

죽음이 기다리는 곳에도 막막한 광야와
사막의 기갈과 굶주림이 있는 황무한 땅에도
예수 그리스도의 십자가의 속죄와
구원의 은혜를 받고 성령의 능력을 받아
복음의 전도자의 사명을 받은 자로
하나님의 비밀인 말씀을 맡은 자로서
보냄을 받은 그곳으로 힘차게 달리고
또 달려가서 복음을 전하는 사신으로
죽도록 충성을 다하므로
생명력 있는 한 알의 밀알이 되자.

골 3:23-24/"무슨 일을 하든지 마음을 다하여 주께 하듯 하고 사람에게 하듯 하지 말라 이는 유업의 상을 주께 받을 줄 앎이니 너희는 주 그리스도를 섬기느니라."

벧후 1:10-11/"형제들아 더욱 힘써 너희 부르심과 택하심을 굳게 하라 너희가 이것을 행한즉 언제든지 실족하지 아니하리라 이같이 하면 우리 주 곧 구주 예수 그리스도의 영원한 나라에 들어감을 넉넉히 너희에게 주시리라."

우리는 하늘나라의 시민권을 받은 자요
주님의 몸처럼 거룩한 몸으로 변화될 자들이라

빌 3:20-21/"우리의 시민권은 하늘에 있는지라 거기로부터 구원하는 자 곧 주 예수 그리스도를 기다리노니 그는 만물을 자기에게 복종하게 하실 수 있는 자의 역사로 우리의 낮은 몸을 자기 영광의 몸의 형체와 같이 변하게 하시리라.

그러므로 우리는 그날을 늘 사모하며
그날을 늘 기다리며 그날을 늘 바라보며
주님의 순결한 신부로서 그날의 영광을 위해
성결과 정절을 지켜 아름답게 단장하며
날마다 나와 세상을 이기며 구원의 열매를 맺는
값진 헌신의 삶을 살아가며 힘차게 승리하며 살아갈지라.
주님의 날에 나의 이름 부르실 때
결코 부끄럽지 않는 순결한 신부로서 주의 품에 안길 수 있는
은총을 입게 하옵소서.

세상 부귀 안일함과..(찬송)
1. 세상 부귀 안일함과 세상 근심하다가
주님 나를 찾으시면 어떻게 만날까
주님 내게 오시면 나 어찌 대할까
멀리 방황하던 나 불쌍한 이 죄인
이제 주만 생각하며 세상 근심 버리고
두 손 들고 눈물로써 주만 따라가오리다.

2. 세상 일에 얽매어서 세상 일만 하다가
주님 나를 부르시면 어떻게 만날까
주님 내게 오시면 나 어찌 대할까
멀리 방황하던 나 불쌍한 이 죄인
이제 주만 생각하며 세상 권세 버리고
오직 주만 바라보며 주만 따라 가오리다.

3. 지금까지 내가 한일 주님께서 보시고
훗 날에 나를 보고 무어라 하실까

주님 내게 오시면 나 어찌 대할까
멀리 방황하던 나 불쌍한 이 죄인
이제 주만 생각하며 세상 영광 버리고
십자가를 내가 지고 주만 따라 가오리다. 아멘.

롬 1:2/"이 복음은 하나님이 선지자들로 말미암아 그의 아들에 관하여 성경에 미리 약속하신 것이라."

이 찬송이 나의 고백과 결심과 삶이 되게 하소서.

롬 4:21/"약속하신 그것을 또한 능히 이루실 줄을 확신하였으니."

롬 13:10/"사랑은 이웃에게 악을 행치 아니하나니 그러므로 사랑은 율법의 완성이니라."

율법을 613조 하라의 계명은 248계명, 하지 말라의 계명이 365계명
- 이것을 요약하여 10계명을 주셨고
- 이것을 더욱 요약하여 사랑의 계명으로 주셨습니다.
예수께서 이르시되 네 마음을 다하고 목숨을 다하고 뜻을 다하여 주 너의 하나님을 사랑하라 하셨으니(마 22:37).

기독교인에게도 핵심적으로 추구해야 할 가치가 있습니다. 예수님은 기독교의 핵심 가치를 묻는 율법사에게
- 첫째는 하나님 사랑이요,
- 둘째는 이웃 사랑이라고

가르쳐주셨습니다.
이 말씀은 우리에게 두 가지를 생각하게 합니다.

1. 사랑의 순서를 지키라.
하나님을 먼저 사랑하고,
그리고 이웃을 사랑해야 합니다.
이 순서가 바뀌어서는 안 됩니다.
선악과를 따먹은 인간의 죄는, 하나님의 말씀에 불순종하여
하나님을 먼저 사랑하고 존중하라는 순서를 바꾼 데 있습니다.
그래서 에덴동산은 더 이상 낙원이 되지 못했습니다.
낙원은 그 마음이 최우선으로 무엇을 추구하느냐에 따라 결정됩니다.
기독교인에게 가장 중요한 본질을 비본질로 대체해 버리고
사소한 것에 목숨을 건다면 그것은 우리를 어려움에 빠뜨립니다.
반드시 하나님이 우리의 첫 번째
사랑의 대상자가 되어야 합니다.

2. 마음과 뜻과 정성을 다해 하나님을 사랑하라
사랑하는 사람과는 자주 만나고 자주 대화해야 합니다.
기독교인들에게 이 대화는 기도입니다.
또한 하나님께 어떤 것을 드려도 아까운 마음이 들지 않으면
진정 하나님을 사랑하는 것입니다.
우리가 하나님을 진정으로 사랑할 때
수고와 봉사를 기쁨으로 하게 됩니다.

우리 모두 하나님을 진정으로 사랑하여
인생의 모든 관계와 문제가 해결되는
놀라운 복을 누릴 수 있기를 간절히 소망합니다.

하나님! 바쁜 일상을 살아가지만 시간을 정해
하나님을 묵상하고 하나님께 최고의 가치와
영광을 돌리게 하옵소서.
하나님을 진정으로 사랑하여
주님께서 기뻐하시는 일들만
행하게 도와주옵소서.
오늘 이 하루가 주님을 향한
사랑의 고백이 되게 하옵소서.
예수 그리스도의 이름으로 기도합니다. 아멘.

그 피의 효력

계 12:11,
또 여러 형제가 어린 양의 피와 자기의 증거하는 말을 인하여 저를 이기었으니 그들은 죽기까지 자기 생명을 아끼지 아니하였도다.

'그 피가 맘속에 큰 증거됩니다'라는 표현은 일반적으로
기독교 신앙에서 예수 그리스도의 보혈(피)이
죄 사함과 구원의 확실한 증거가 된다는 믿음을 나타냅니다.

이 표현은 찬송가 '내 주의 보혈은'의 가사 일부이기도 합니다.
예수 그리스도의 십자가 희생으로 흘리신 피가
우리 죄를 깨끗하게 하고,
하나님께 나아갈 수 있는 담대함을 주며,
구원의 확신을 심어준다는 의미를 담고 있습니다.
따라서 이 말은 다음과 같은 의미로 이해될 수 있습니다.

1. 죄 사함의 확신
예수님의 피로 인해 죄 사함을 받았다는 내적인 확신을 의미합니다.

2. 구원의 증거
예수님의 희생이 나를 구원했다는 명백한 증거가 마음속에 새겨져 있음을 나타냅니다.

3. 믿음의 근거
예수님의 보혈은 흔들리지 않는 믿음의 중요한 근거가 됩니다.

4. 내적 평안
죄 사함과 구원의 확신은 마음속에 깊은 평안을 가져다줍니다.

예수 그리스도의 피는 속죄 사역의 전부입니다.
그 피가 우리의 죽은 행실을 깨끗하게 하였습니다.(히 9:14)
그 피가 우리로 살아계신 하나님을. 섬기게 하였습니다.(히 9:14)
그 피가 우리를 구속하였습니다.(벧전 1:18~19)
그 피가 우리를 하나님과 가까워지게 하였습니다.(엡 2:13)
그 피가 우리를 죄에서 해방하였습니다.(계 1:5)
그 피가 우리를 하나님과 화목하게 하였습니다.(골 1:20)
그 피가 우리를 의롭게 하였습니다.(롬 5:9)
그 피가 우리를 모든 죄에서 깨끗하게 하였습니다.(요일 1:7)
그 피가 우리를 거룩하게 하였습니다.(히 13:12)
그 피가 우리를 승리하게 하십니다.(골 2:15, 계 12:11)

"그 피가 맘속에 큰 증거됩니다"라는 말은

예수 그리스도의 보혈을 통해 얻은 구원의 은혜와
그로 인한 확신, 평안을 강조하는
신앙 고백이라고 할 수 있습니다.
"그의 피의 효력"이라는 표현은
기독교 신앙에서 예수 그리스도의 십자가에서의 죽음,
즉 보혈이 갖는 영적인 능력과 효과를 의미합니다.
이는 단순히 물리적인 피를 넘어,
예수님의 희생적인 죽음 전체를 상징하며,
믿는 자들에게 다양한 영적 유익을 가져다준다고 믿어집니다.

기독교 신학에서 '그의 피'의 주요 효력

1. 죄 사함

예수님의 피는 인류의 죄를 깨끗하게 하고 용서하는 능력이 있다고 믿습니다. 이는 하나님과 인간 사이의 막힌 죄의 장벽을 제거하고 관계를 회복시키는 근본적인 효력입니다.(엡 1:7, 요일 1:7)

2. 구속

예수님의 피는 죄와 사망의 권세 아래 있던 인간을 값을 지불하고 해방시키는 효력을 갖습니다. 이는 마치 노예 시장에서 값을 치르고 자유를 얻는 것에 비유될 수 있습니다. (롬 3:24, 고전 6:20)

3. 화목

예수님의 피를 통해 하나님과 인간 사이의 적대감이 사라지고 평화로운 관계가 회복됩니다. 죄로 인해 멀어졌던 관계가 예수님의 희생으로 다시 이어지는 것입니다.(롬 5:10, 골 1:20)

4. 의롭다 하심
예수님의 피를 믿는 자들은 그들의 행위와 상관없이 하나님 앞에서 의로운 존재로 인정받습니다. 이는 예수님의 의가 그들에게 전가되었기 때문이라고 믿습니다.(롬 5:9, 고후 5:21)

5. 성결
예수님의 피는 믿는 자들을 죄로부터 깨끗하게 하고 거룩하게 변화시키는 효력을 갖습니다. 이는 점진적인 과정이지만, 예수님의 피를 통해 성령의 역사로 거룩함을 이루어 나갈 수 있다고 믿습니다.(히 13:12, 벧전 1:2)

6. 하나님께 나아갈 담대함
예수님의 피를 통해 믿는 자들은 죄책감 없이 하나님께 담대히 나아갈 수 있게 됩니다. 예수님의 희생이 휘장을 찢고 하나님께로 나아가는 새로운 길을 열었다고 믿습니다.(히 10:19-22)

7. 영원한 생명
예수님의 피는 믿는 자들에게 영원한 생명을 약속합니다. 그의 죽음과 부활을 통해 사망의 권세를 이기시고 영원한 생명의 길을 여셨다

고 믿습니다.(요 3:16; 6:54)

이처럼 예수 그리스도의 피는 기독교 신앙에서 매우 중요한 의미를 가지며, 구원과 영적 성장의 핵심적인 토대로 여겨집니다.

말씀을 적용하여 보혈의 능력으로 강건하여지고 마귀의 궤계를 능히 대적하기 위하여 성령의 지혜와 계시의 정신으로 싸우고 승리하게 되시기를 축복합니다.